Sicher in Gottes Händen

Tiefe Geborgenheit und
Annahme in Gott erleben

Walter Nitsche

Sicher in Gottes Händen

Tiefe Geborgenheit und Annahme in Gott erleben

edition φ philemon
in Cooperation mit der AsB

AsB
Arbeitsgemeinschaft
seelsorglicher
Berater

ISBN-Nr. 3-935368-07-0
Bestell-Nr. 648 307

Umschlag: DC-Agentur
Satz und Druck: media aktuell, Birkenfeld
edition φ philemon ist Teil der friends-media e.K. Birkenfeld

Inhalt

Vorwort

“Mit Meditation, geistlichen Übungen und sogar einem längeren Aufenthalt in einer Wüstengegend versuchte ich, innerlich zur Ruhe und Gott näher zu kommen. Ich hatte zwar die entsprechenden Gefühle, doch kann ich rückblickend nur sagen: All mein Streben war letztlich erfolglos...”

Mit traurigem Gesichtsausdruck und einem müden Blick stand mir dieser Mann gegenüber. Ein Mann, bereits die Mitte seines Lebens überschritten, sehr beliebt in seinem sozialen Umfeld, für viele ein Vorbild der Anständigkeit. Und doch war er bisher auf der Strecke geblieben – mit einer unerfüllten Sehnsucht. Wie so viele Zeitgenossen, die löblicher Weise nicht bereit sind, eine innere Leere mit oberflächlichem Zeitvertreib oder destruktivem Schund zuzuschütten.

Wir setzten uns, um dem Problem auf den Grund zu gehen. Dabei erfuhr ich, dass dieser sympathische Herr tief religiös war und schon seit seiner Jugend an Gott glaubte. Dies hatte sich auch nicht geändert, nachdem er geheiratet hatte und später ein erfolgreicher Geschäftsmann geworden war. Für viele Mitmenschen war er zum Ansprechpartner für persönliche Probleme geworden und konnte manch einen Ratlosen durch seine Anteilnahme ermutigen.

Doch nun saß mir dieser frustrierte Geschäftsmann gegenüber, bereit, nicht nur neue Lösungsmöglichkeiten anzuhören, sondern seine Vergangenheit zu beleuchten, seine Wege zu hinterfragen. Denn vor jeder "wirkungsvollen Therapie", sollte eine "richtige Diagnose" erfolgen.

Genau so verhält es sich auch in unserem Leben: Es gibt Zeiten, in denen es angebracht ist, stille zu werden, die persönliche Vergangenheit von einem höheren Blickwinkel aus zu betrachten und die eigenen Vorstellungen und Denk-strukturen zu hinterfragen. Dies kann der Beginn eines gewaltigen Aufbruchs sein; eines Aufbruchs zu einem inneren Frieden, der positive Auswirkungen auf jeden Lebensbereich haben wird.

Diese hilfreichen Veränderungen erfuhren schon zahlreiche Menschen aus den verschiedensten gesellschaftlichen Schichten und Altersgruppen. Nach vielen Vorträgen im In- und Ausland kamen Zuhörer auf mich zu und sprachen dasselbe Problem an: Die fehlende tiefe Annahme und Geborgenheit in Gott, nach der sie sich so sehr sehnten.

Dabei stellte ich fest, dass einige dieser Personen zwar mit guten Schritten in die richtige Richtung begonnen hatten – auf halbem Wege aber stehen geblieben waren und daher die Fülle von positiven Auswirkungen und Segnungen noch nicht in dem Maße erlebt hatten, wie sie unser Schöpfer eigentlich einem jeden von uns schenken möchte.

Was ich damals diesem aufmerksamen Geschäftsmann in groben Zügen skizzierte, soll nun im vorliegenden Buch in umfassender Weise, Schritt für Schritt, aufgezeigt werden. Manche Stufen werden dem einen oder anderen Leser wohl bekannt sein – dann soll er sich daran erfreuen.

Wichtig ist jedenfalls, dass wir diese “Leiter der Entwicklung zur lebenswichtigen Annahme und Geborgenheit in Gott” zusammen erklimmen. “Sprosse um Sprosse” – fehlende oder brüchige Sprossen führen zum Absturz. Diese “Löcher” in der Leiter gilt es zu entdecken und zu ersetzen, damit ein fortlaufendes Emporsteigen möglich ist.

Jeder Leserin und jedem Leser wünsche ich Gottes Ermutigung und Beistand auf diesem Weg!

Walter Nitsche

Kapitel 1

Heimweh

Können Sie sich noch an Ihre Kindheit erinnern, als Sie zum ersten Mal längere Zeit von zu Hause weg waren? Vermutlich erlebten Sie dabei die schmerzhafte Sehnsucht, wieder zu Hause sein zu wollen. Sie vermissten ein wesentliches Stück Geborgenheit, so dass das Verlangen, wieder Daheim zu sein Sie verzehrte. Man hatte Ihnen dann erklärt, dass dieses Empfinden normal sei und dass man es "Heimweh" nennen würde.

Als Sie erwachsen wurden, hing Ihre Geborgenheit nicht mehr davon ab, ob Sie zu Hause waren oder nicht. Sie wurden zunehmend sicherer und das "geografisch abhängige Heimweh" immer schwächer. Auch dies gehört zu einer gesunden seelischen Entwicklung.

Wir sollten jedoch diese zweitrangigen seelischen Bedürfnisse von unseren ursprünglichen seelischen Bedürfnissen unterscheiden, denn grundsätzlich besitzt jeder Mensch auch eine geistliche Sehnsucht, ein tiefes Verlangen, "zu Hause" zu sein: bei seinem Schöpfer, bei Gott.

Dieses "existenzielle Heimweh" muss wahrhaftig gestillt werden. Andernfalls wird es mehr oder weniger verdrängt werden – mit den entsprechenden Folgen, die aus einem tiefgehenden Verdrängungs-Prozess resultieren.

Die Welt unserer seelischen Grundbedürfnisse

Wir sind nicht nur auf die Befriedigung unserer körperlichen Grundbedürfnisse wie essen, trinken oder schlafen angewiesen, sondern auch auf die Erfüllung unserer psychischen Grundbedürfnisse. Werden diese nicht gestillt, kommt es zu Mangelerscheinungen und Folgeschäden. Bei falscher oder zu geringer Ernährung kommt es zu körperlichen Mangelerscheinungen und Folgeschäden. Genauso führen falsch oder ungenügend gestillte seelische Grundbedürfnisse zu Schäden und Symptomen im psychischen Bereich. Eine dieser Folgen ist fehlende oder ungenügende innere Ruhe und Geborgenheit.

In der echten Bedürfnissbefriedigung wohnt eine positive Dynamik, sowie in falscher Befriedigung eine ins Negative weisende Dynamik wohnt..

In jedem Menschen wohnen also primäre Bedürfnisse, die echt befriedigt sein müssen, um ein zutiefst geborgenes Leben, um innere Ruhe und Gelassenheit erleben zu können.

Zu diesen existenziellen seelischen Grundbedürfnissen gehören das Bedürfnis nach Sinn, nach Wert und nach Geborgenheit.

Diese psychischen Prinzipien werden im Alltag allerdings in viel größerem Umfang deutlich: Beispielsweise bei der Therapie von seelischen Störungen sollte die Frage nach der richtigen Befriedigung geistlich-seelischer Bedürfnisse zuerst behandelt werden, damit überhaupt eine Basis für eine psychische Genesung vorhanden ist.

Eine Frau in mittleren Jahren erzählte mir von ihren bedrückenden Symptomen und von monatelangen Therapien und Klinikaufenthalten. Doch die psychischen (und körperlichen) Beschwerden besserten sich nicht und hielten diese arme Christin gefangen. Neben einem krankhaft-perfektionistischen Verhalten, das ihr das Alltagsleben fast unerträglich machte (so musste sie beim Versuch, einkaufen zu gehen, jeweils mehrmals zurückkehren, um sich zu vergewissern, ob sie ihre Wohnung auch wirklich abgeschlossen hatte) litt sie an derart gewaltigen Angstzuständen, dass ihr körperlich sämtliche Kraft genommen wurde.

Obwohl sie schon 17 Jahre lang entschiedene Christin war und an die Erlösung durch Jesus Christus glaubte, führten ihre Beschwerden dazu, dass sie von immer größeren Zweifeln geplagt wurde und letztlich davon überzeugt war, dass sie “das Ziel nicht erreichen” würde. Aus Resignation blieb sie bald jeglicher christlichen Gemeinschaft fern und versuchte auch nicht mehr, Gottes Willen durch die Bibel zu erfahren.

Nachdem sie über sechs Jahre hinweg (erfolglos) verschiedene Therapien und sieben Monate Klinikaufenthalt hinter sich hatte, begann sie den Weg zu beschreiten, wirklich “bei Gott zu Hause” zu sein. Heute – nach nur zwei weiteren Jahren – sind sämtliche Beschwerden mitsamt den psychosomatischen Störungen bis auf ein Minimum verschwunden.

Auch bei Menschen, die sich einer guten “seelischen Gesundheit” erfreuen (wobei diese “Diagnose” stets sehr relativ ist), muss die Frage nach den existenziellen Sehnsüchten zuerst behandelt werden, da sonst der Mensch immer mehr von entsprechenden Verdrängungsprozessen geprägt wird.

Bei unserem Thema geht es uns vorrangig um das Bedürfnis nach Geborgenheit, was nicht bedeuten soll, dass die beiden anderen genannten Grundbedürfnisse weniger wichtig sind. Lediglich bei unserer Themenstellung steht das Bedürfnis nach Geborgenheit im Vordergrund.

Die Sehnsucht nach Geborgenheit

Jeder Mensch, der ernsthaft über sich nachdenkt, seine Sehnsüchte und Bedürfnisse wahrnimmt, weiß, dass ihm Geborgenheit ein Grundbedürfnis ist. Da Gott, der Schöpfer, den Menschen mit Bedürfnissen geschaffen hat, wollte er auch selbst dafür sorgen, dass die Grundbedürfnisse des Menschen gestillt werden können.

Betrachten wir den Bericht vom ersten Menschenpaar im Paradies, werden wir darauf hingewiesen, dass sie völlige Geborgenheit und Sicherheit in der Abhängigkeit von Gott erlebten.

Nachdem sich der Mensch jedoch grundsätzlich von Gott abgewandt hatte, und somit jeder Mensch von Geburt an nicht mehr in der tiefen Gemeinschaft mit Gott lebt, wurde bis heute die tiefste Befriedigung dieser lebenswichtigen Bedürfnisse verunmöglicht. In jedem Menschen existiert aber dieses Grundbedürfnis nach Geborgenheit und Sicherheit weiter. So ist es für seine seelische Gesundheit von größter Bedeutung, dass dieses Bedürfnis auf die richtige Art und Weise gestillt werden kann.

Einen Abglanz der Bedürfnisbefriedigung durch Gott, den Schöpfer, erlebt ein Mensch durch andere Erfahrungswerte. Diese können zwar die tiefe Bedürfnisbefriedigung durch Gott nicht ersetzen, sind jedoch auf zwischenmenschlicher Ebene notwendig und haben an diesem Platz auch eine wichtige Aufgabe zu erfüllen.

Denken wir zum Beispiel an die Liebe, die ein Säugling nötig hat, um seelisch gesund heranwachsen zu können. Das Bedürfnis nach Geborgenheit und Sicherheit will bereits im Mutterleib gestillt sein, wo das Ungeborene geschützt und umhüllt heranwachsen darf. Nach der Geburt sind dann die Zuwendungen und Bestätigungen durch die Geborgenheit in der Familie wichtige Erfahrungswerte.

Hat der Säugling dieses liebevolle Angenommensein durch die engste Bezugsperson nicht erlebt, so sind nachhaltige Schäden an Seele und Körper des Kindes die Folge. Reift es dann zum Jugendlichen heran, so wächst die Sehnsucht nach Geborgenheit und Sicherheit in eine weitere Dimension: Dieses Bedürfnis kann und will tiefgehend durch den Schöpfer gestillt werden. Er will, dass der Mensch mit seinem ganzen Sein zu IHM "nach Hause" kommt.

Aber bereits an dieser Stelle kommt es oft zu tragischen, vielfach gar nicht bewusst erlebten, Weichenstellungen. Statt Geborgenheit und Sicherheit in Gott zu erleben, versucht der Jugendliche, sein tiefstes existenzielles Bedürfnis anderweitig zu stillen. Diese Versuche können aber letztlich nur Fehlbefriedigungen zur Folge haben.

Fehlbefriedigungen

Die tiefe Sehnsucht nach Geborgenheit und innerer Ruhe, die in jedem Menschen schlummert, erfährt heutzutage ihre falsche Befriedigung vor allem durch Materialismus, Sozialisation oder – in letzter Zeit stark zunehmend – durch Esoterik.

Materialismus

Das wilde Streben nach materiellen Gütern in der Hoffnung, dadurch Geborgenheit und Sicherheit erleben zu können, brauchen wir hier nicht umfassend zu beschreiben. Es ist heutzutage leicht zu beobachten. Sogar Menschen aus osteuropäischen Ländern, die ihre "neue Freiheit" dahingehend zu nutzen suchen, dass sie als oberstes Ziel materiellen Wohlstand anstreben, berichten bereits von ihrer Enttäuschung und Resignation. Das ist nur allzu verständlich, denn diese tiefste Sehnsucht nach Geborgenheit und Sicherheit kann nicht durch materielle Güter gestillt werden.

Der Satz aus dem Volksmund: "Geld macht nicht glücklich, aber es beruhigt", drückt ebenso die falsche Hoffnung aus, dass Geld doch in einer Weise Geborgenheit vermitteln könne. Bücher und Zeitschriften mit Themen wie "Gold oder Immobilien?", "Wertbeständige Investitionen", "Überleben bei Wirtschaftskrisen", "Die Kunst, reich zu werden" und ähnlichen Titeln sind genauso begehrt wie alle möglichen und unmöglichen Angebote von Versicherungen.

Manch ein Zeitgenosse muss allerdings am Ende auf sein Leben zurückblicken und zugeben, dass er durch sein Haschen nach materiellem Gewinn oder einer hohen Position im Beruf sich selbst, und vielfach auch seine Familie, ruiniert hat.

Jedoch wird gerade in einer Zeit von wirtschaftlicher Stagnation, drohender Kriegs- und Terrorgefahr oder weltwirtschaftlicher Krisen einem nachdenkenden Menschen besonders deutlich, dass existenzielle innere Ruhe und Geborgenheit niemals durch Materialismus herbeigeführt werden können.

Sozialisation

Neben der falschen Hoffnung auf materiell abgesicherte Geborgenheit wird oftmals auch in zwischenmenschlichen Beziehungen diese Geborgenheit gesucht.

Für viele junge Frauen ist eine Ehegemeinschaft der Ort, an dem sie tiefste Geborgenheit zu finden glauben. Solche Ehepartnerinnen werden aber im Eheleben mit dieser hohen Erwartung den anderen überfordern und frustriert und unzufrieden dahinleben. Für das Fehlen tiefer Geborgenheit wird dann der Partner verantwortlich gemacht. Es kommt zu immer mehr Anklagen, gegenseitigen Verletzungen und vor allem – man hört auf, “lieben zu lernen” (was doch das Wichtigste ist, um zu einer erfüllten und glücklichen Partnerschaft zu gelangen!)

Ein anderes Beispiel sind die sogenannten Jugendsekten oder die verschiedenen gruppendynamischen Vereinigungen. Sie haben einen immer stärkeren Zulauf, weil man hofft, in der Gruppe Geborgenheit und Sicherheit zu finden.

Diese Hoffnung kann fälschlicherweise auch durch “exklusive” kirchliche oder freikirchliche Gruppen vermittelt werden. Allein “die Wahrheit erkannt” zu haben, “hundertprozentig auf dem richtigen Weg” zu sein, einen “außergewöhnlichen Ort der Gegenwart Gottes” zu präsentieren – all das spricht beim Menschen die Sehnsucht nach

existenzieller Geborgenheit an. Dann kommt noch dazu, dass die Gruppenführung sehr dominant und manipulativ ist, und es fällt einem Gruppenmitglied unsagbar schwer, diese Verstrickungen zu durchschauen und sich daraus zu befreien.– Schliesslich fürchtet die betreffende Person doch insgeheim, das Stück Geborgenheit, das ihr die Exklusiv-Gruppe gegeben hat, zu verlieren. Die Angst, danach völlig "im luftleeren Raum" zu stehen oder mit der Sehnsucht nach Geborgenheit vollends alleingelassen zu sein, stärkt die Fesseln, mit der die Person seelisch an die Gruppe gebunden ist.
Auch dass der Staat immer mehr in persönliche Belange eingreift und man meint, er werde wohl für jeden und alles Sorge tragen, ist ein weiteres Zeichen dafür, dass der moderne Mensch in der Gesellschaft Geborgenheit und Sicherheit sucht.

Esoterik

Kein Mensch möchte doch dem Zufall ausgeliefert oder Spielball blinder Mächte in einem unpersönlichen Universum sein. Die Sehnsucht nach Geborgenheit verlangt nach etwas Übergeordnetem, nach höheren Gewalten, Mächten oder Einflüssen. Sie sollen eine gewisse Sicherheit gewähren können, eine Art "Schutzmantel" für das persönliche Leben. Hier trifft das Angebot der Esoteriker auf ein starkes Bedürfnis moderner Zeitgenossen.

Durch "Geheimwissen" versucht man Sicherheit zu erlangen, durch die "Vereinigung mit dem kosmischen Bewusstsein" Geborgenheit.

Gerade im Bereich der Gesundheit hat das Vertrauen auf

übernatürliche Mächte verheerende Folgen. "Hauptsache, es hilft", lautet das Motto – egal, was sich hinter diesen Wirkungen verbergen mag. Die Sehnsucht nach Geborgenheit und Sicherheit erfährt dadurch immer nur eine Schein- oder Fehlbefriedigung.

Folgemöglichkeiten bei Fehlbefriedigung von existenziellen Bedürfnissen:

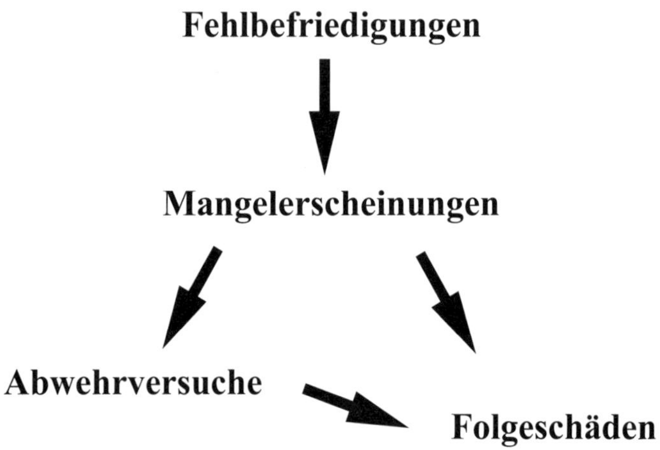

Mangelerscheinungen

Wenn ein Grundbedürfnis falsch befriedigt wird, bleibt es im Grunde genommen unbefriedigt. Der Mangel besteht weiterhin. Wer sein Bedürfnis nach Schlaf falsch befriedigt, indem er beispielsweise eine Nacht durchtanzt, statt zu schlafen, der wird sehr bald Mangelerscheinungen an Körper und Psyche feststellen müssen.

Dasselbe gilt auch für die seelischen Grundbedürfnisse, die falsch befriedigt werden. Mangelerscheinungen werden sich mehr oder weniger offen bemerkbar machen. Wird das Bedürfnis nach Geborgenheit und innerer Ruhe fehlbefriedigt, so können als Mangelerscheinungen destruktive Formen von Angst und Unsicherheit auftreten. Ein nüchtern denkender Zeitgenosse weiß sehr wohl, dass durch Wirtschaftskrisen, durch Kriege oder Katastrophen, das Fundament des Materialismus innerhalb weniger Stunden wie eine morsche Brücke zusammenkrachen kann. Letzte Sicherheit und Geborgenheit gibt es hierdurch nicht. Genauso wenig wie im sozialen Beziehungsumfeld. Der andere ist schließlich auch "nur" ein Mensch mit Grenzen, Versagen, Fehlern und hat daher weder ewige noch zuverlässige oder unerschöpfliche Wirkungsmöglichkeiten.

So macht sich eine tiefgreifende Lebensangst breit. Die Friedensbewegung (ohne diese hier "be- oder verurteilen" zu wollen) war vor allem durch Angst motiviert. Angst ist auch meist der Beweggrund für das Engagement im Umweltschutz, für Ökobewegungen aller Art oder den Bio-Boom (wobei wiederum nichts gegen die hilfreichen und notwendigen Hinweise und Ziele gesagt sein soll!). Verständlich, denn wer mag schon die Augen vor einer radioaktiv verseuchten “strahlenden” Zukunft verschließen? Wer weiß nicht um die unzähligen Gifte, die man sich täglich völlig ungewollt einverleibt? Und in all diesen Situationen soll man noch innere Ruhe, Geborgenheit und Sicherheit erleben können? Die Mangelerscheinungen Angst und Unsicherheit sind vorprogrammiert.

Abwehrversuche

Leider aber bewirken die auftretenden Mangelerscheinungen oftmals nicht, dass der Betreffende zur Besinnung kommt und sich dazu entscheidet, einen anderen Weg der Bedürfnisbefriedigung zu gehen. Eher geben sie ihm Anlass zu Abwehrversuchen, die bis in den Fanatismus reichen.

Abwehrversuche sind verzweifelte Anstrengungen, auf dem (falschen) Weg der Fehlbefriedigung doch noch ans Ziel zu gelangen.

Ein solcher Mensch gleicht einem Autofahrer, der auf der Autobahn merkt, dass er auf der falschen Seite fährt. Statt so schnell wie möglich auf die richtige Fahrbahnseite zu gelangen, drückt er den Gashebel hinunter, um (auf der falschen Autobahnseite) um so schneller an sein (falsches) Ziel zu kommen.

Besitzmanie

Ein fanatischer Abwehrversuch ist beispielsweise das manische Festhalten von materiellem Besitz oder das

ständige Bemühen ihn rasch zu vermehren.
Auf einem Seminar, das ich in der Zentralschweiz hielt, sprach mich ein erschöpft aussehender Mann an und schilderte mir seine Lebensgeschichte. Mit großem Einsatz und Eifer hatte er sich drei gutgehende Firmen aufgebaut, die auf dem europäischen Markt in ihrer Sparte heute noch führend und erfolgreich sind. Sein größtes Problem: Jetzt machte er sich Sorgen, ob dieses materielle Polster bei irgendwelchen Krisen (die ja zugegebenermaßen jederzeit eintreten können) auch wirklich ausreichen würde.

Seine Sorgen hatten bereits ein solches Ausmaß angenommen, dass sich bald Schlaflosigkeit einstellte. Seine Familienangehörigen bezeichneten ihn als äußerst geizig. Er war bereits Multimillionär. Doch er hörte nicht auf, sich Sorgen zu machen, bis er an schwerer Konzentrationsschwäche litt. Er hatte sein Denken derart mit Sorgen angefüllt, dass für andere Gedanken und wichtige Zusammenhänge "kein Platz mehr" blieb. Weil er sich aber nicht mehr richtig konzentrieren konnte, vergaß er wichtige Dinge oder traf Fehlentscheidungen. Das blieb natürlich nicht ohne Folgen, was ihm wiederum noch viel mehr Sorgen bereitete. Ein wahrer "Teufelskreis" von Besitzmanie – Sorgen – Folgeschäden (Konzentrations-Unfähigkeit).

Dieses Problem konnte nur angegangen werden, indem der wahre Grund für diese "Abwärtsspirale" des Denkens, Empfindens und Handelns sichtbar gemacht wurde: Die Sehnsucht nach Geborgenheit und Sicherheit hatte durch den Materialismus eine jahrelange

Fehlbefriedigung erlitten. Die wurde verstärkt durch den Abwehrversuch des “noch mehr”, “noch reicher”, “noch erfolgreicher” werdens – bis hin zur krankhaften Form materiellen Strebens.
Es denke nun niemand, dass es diese Besitzmanie nur bei reichen Leuten gebe. Jeder, der meint, Geborgenheit durch Materialismus erleben zu können, steht in Gefahr, ständig nach materiellem Besitz zu trachten und die Prioritäten im Leben falsch zu setzen. Auch die geizige Großmutter, die sich selbst kaum noch etwas leistet und alles in einen gutversteckten Sparstrumpf steckt, kann ein Sklave der Besitzmanie sein.

Kalte Lust

Mangel an echter Geborgenheit führt nicht nur zu Unsicherheit und Angst, sondern auch in eine bodenlose Einsamkeit. Ein weiterer Versuch, diese unangenehmen Lebensaspekte abzuwehren, besteht darin, die Einsamkeit durch Vertraulichkeit, durch Intimität zu überwinden.

In zahlreichen Beziehungen spielt dieses Motiv eine Hauptrolle. Suche nach Geborgenheit, indem man sich einem anderen Menschen hingibt bis zur körperlichen Vereinigung. Das Erlebnis entsprechender Gemeinsamkeit und Gemeinschaft mag einem zwar eine Zeitlang vorgaukeln, dass dadurch nun Unsicherheit und Einsamkeit überwunden seien. Der Betreffende wird jedoch bald feststellen müssen, dass es genauso illusorisch, ja unmöglich ist, die tiefe Sehnsucht nach Geborgenheit und Gemeinschaft durch intime Beziehungen zu stillen.

Doch je mehr sich ein Mensch dieser Tatsache bewusst wird, desto mehr drückt er bei seiner Fahrt auf der falschen Autobahnseite "den Gashebel" nach unten. "Vielleicht bringt die Intimität mit einem anderen Partner mehr? Vielleicht ist Geborgenheit doch noch möglich, wenn ich die Intimbeziehung intensiviere oder verbessere ... ?"

Am Ende dieses Abwehrversuchs steht dann meist die "kalte Lust" – eine Scheinwelt von Gemeinschaft, vermischt mit Resignation, aber ohne wirkliche Wärme und Vertrautheit.

seelische Intimität

Der Abwehrversuch kann sich auch lediglich auf eine außergewöhnliche seelische Intimität beschränken. Dieses Verlangen nach Vertraulichkeit, diesen Versuch, der inneren Einsamkeit durch seelische Intimität zu entfliehen, findet man leider oft auch bei Seelsorgern oder psychotherapeutisch arbeitenden Menschen. Das Verlangen nach tiefster Nähe, die Sucht nach psychischer Intimität drängt den Therapeuten dazu, wichtige seelische Grenzen zu überschreiten und auch das gesunde seelische Schamgefühl des Ratsuchenden zu missachten. Die "vertrauliche Offenheit" dient hier jedoch mehr den fehlgeleiteten Bedürfnissen des Seelsorgers, als dass sie eine echte Hilfe und Wegweisung für den Ratsuchenden wäre.

Magie

Im Bereich der Esoterik – durch deren vielfältige Methoden man ebenfalls keine echte Geborgenheit erfahren kann – versucht man, das falsche Ziel dadurch zu erreichen, dass man die "Geheimwissenschaften" engagiert praktiziert, und versucht, sich höherer Mächte und Gesetzmäßigkeiten zu bedienen.

Der Magiekundige L. Chochod gibt selbst zu: "Die Magie versucht, übernatürliche Kräfte zu ergründen, sie zu lenken und sich in gewisser Weise dienstbar zu machen." Und im Fischer-Lexikon lautet die Definition: "Die Magie ist die Beschwörung übernatürlicher Kräfte, die durch rituelle Handlungen verfügbar gemacht werden sollen. Der Magier will den höheren Willen zwingen, statt sich ihm zu fügen."

Hängt die so sehr um sich greifende Seuche des Okkultismus nicht sehr eng mit dem Mangel an Geborgenheit und Sicherheit zusammen? Warum lassen sich unzählige Schüler dazu verleiten, an spiritistischen Sitzungen teilzunehmen, Tische- und Gläserrücken zu praktizieren, ihre "Medialität" zu pflegen und sich in okkulte Wissenschaften einführen zu lassen? Es entspricht dem offensichtlichen Versuch, mangelnde Geborgenheit auf dem Weg der Esoterik zu erreichen.

Folgeschäden

Werden auftretende Mangelerscheinungen des Körpers nicht richtig behandelt und ausgeglichen, so treten mit der Zeit Folgeschäden auf. Das trifft auch auf unseren “inneren Menschen” zu. Die Mangelerscheinungen, die von fehlender Geborgenheit und Sicherheit herrühren, entwickeln sich (wenn man lediglich Abwehrversuche startet) mit der Zeit zu Folgeschäden:

Es kann beispielsweise zu schwerwiegenden Formen von Lebensangst kommen. Die Besitzmanie kann Wahnvorstellungen hervorrufen wie etwa Symptome von Verfolgungswahn (“Man will mich berauben”, “ ... mich ermorden wegen dem Erbe”).

Andere werden sich immer stärker bewusst, dass sie eigentlich doch ein Spielball des blinden Zufalls in einem unwirtlichen Universum sind und leiden unter Angstneurosen. (“Was kann nicht alles auf mich und meine Familie zukommen!” “Sicherlich bekomme ich eine schwere Krankheit, gehe bankrott, sterbe einsam und verlassen ... “)
Esoteriker werden schließlich Opfer ihrer Magie und werden nun selbst missbraucht, geplagt von Angstzuständen, gewissen inneren Bildern, Zwangsgedanken oder gar von Symptomen der Persönlichkeitsspaltung. Hier trifft man auch auf Menschen, die sich derart im magischen Denken verfangen haben, dass sie sich diesen Mächten beugen, unterordnen und ihnen dienen, so dass man wahrhaft von “Sklaven des Okkultismus” sprechen muss.

Die Sehnsucht kann gestillt werden

Das lebenswichtige Bedürfnis des Menschen nach Geborgenheit und Sicherheit kann nur beim "Erfinder" des Menschen, beim Schöpfer und Kreator, gestillt werden, beim lebendigen Gott selbst. Er allein kann echte Geborgenheit und Sicherheit geben. Das geschieht, wenn wir bei Gott "existenziell zu Hause" sind. Der Mensch kann diese grundlegenden Bedürfnisse niemals selbst stillen. Er ist und bleibt auf Gott angewiesen, der auch einen Weg geschaffen hat, um wieder in Gemeinschaft mit dem Menschen zu kommen und so seine tiefe Sehnsucht nach Geborgenheit stillen zu können.

Voraussetzungen zur Gemeinschaft

Um zu verstehen, wie der Mensch wieder mit Gott Gemeinschaft haben kann, wollen wir uns kurz die Heilstatsachen der Heiligen Schrift, der Bibel, vor Augen führen:
Aufgrund seiner Schuld und Autonomie war zwischen dem Menschen und dem heiligen Gott keine Gemeinschaft mehr möglich. Da wurde Gott Mensch in Jesus Christus: *"Und das Wort ward Fleisch und wohnte unter uns"* (Johannesevangelium 1,14).

Jesus Christus nahm am Kreuz auf Golgatha die Sünde der Menschheit auf sich und bezahlte mit seinem Tod die Strafe dafür. Er erlebte an unserer Statt die Gottesferne

("Hölle"), die wir verdient hätten. Jesus hielt dieses Todesringen aus Liebe zu uns durch. Er erfüllte dadurch die Forderungen einer heiligen, göttlichen Gerechtigkeit; denn jede Schuld muss gesühnt werden. Das erfordert das Prinzip einer heiligen Gerechtigkeit im Hinblick auf unsere Verfehlungen! Und diese Forderungen wurden durch seinen Opfertod erfüllt. Somit konnte Jesus dieses wunderbare "Es ist vollbracht!" ausrufen.

Gott-Vater bestätigt die Vollkommenheit dieses Opfers, indem er den Gottessohn von den Toten auferweckte und ihn schließlich wieder seinen himmlischen Platz einnehmen ließ: *"Christus, als er ihn aus den Toten auferweckte und ihn zu seiner Rechten setzte in den himmlischen Regionen, hoch über jedes Fürstentum und jede Gewalt"* (Epheserbrief 1,20).

Der Auferstandene, der die Strafe für alle Schuld und Sünde bezahlt hat, thront nun wieder in "himmlischen Regionen" (das bedeutet in unserer heutigen, wissenschaftlichen Sprache, dass er in überirdischen Dimensionen lebt, also multidimensional und nicht an unsere vier Dimensionen gebunden ist).

"So gibt es nun keine Verdammnis mehr für die, die in Christus Jesus sind", sagt der Apostel Paulus in seinem Römerbrief, Kapitel 8, Vers 1. Wenn sich nun ein Mensch Christus anvertraut und die Opfertat, die Jesus vollbracht hat, für sich in Anspruch nimmt, braucht er selbst die Strafe für seine Schuld nicht mehr zu bezahlen. In Christus ist sie bereits getilgt. In Christus ist daher auch wieder Gemeinschaft mit Gott möglich. Durch Jesus Christus kann ein Mensch zu Gott nach Hause kommen.

Die Opfertat Jesu ist ein Geschenk: Vergebung für jeden, der es annehmen möchte; also ein unverdientes Geschenk. Daher spricht die Bibel auch von Gnade, denn Gnade bedeutet: unverdiente Liebe.

Wie gelangt ein Mensch nun zu diesem ersten Schritt der Geborgenheit in Gottes Hand? Indem er seine Sündenlast auf Jesus wirft und in ihm ruht. Indem er sich völlig auf das verlässt, was Jesus Christus für ihn getan hat.

Ein Mensch findet Geborgenheit in Gottes Hand nicht aufgrund dessen, was er selbst tut und wirkt, sondern aufgrund dessen, was Jesus Christus getan hat! Wer weiß, dass er zu seiner Erlösung nichts tun kann, dass aber Gott durch Jesus Christus alles getan hat, der kann sein ganzes Vertrauen auf diese stellvertretende Opfertat Jesu setzen.

Gemeinschaft mit Gott kommt also nicht durch religiöse Anstrengung zustande, wie diese auch aussehen mag, sondern durch einen Vertrauensschritt, bei dem sich ein Mensch völlig auf das Werk Jesu verlässt und sich dem Auferstandenen anvertraut. So wird man aus der Sicht Gottes ein lebendiger Christ!

Nach Hause kommen – zu Hause sein

Zuerst durch Jesus Christus zu Gott nach Hause zu kommen ist die notwendige Voraussetzung dafür, bei Gott zu Hause sein zu können. Und dieses zu Hause sein ist wiederum der Ausgangspunkt für wachsende Geborgenheit und innerer Ruhe in unserem Leben.

"Denn durch die Gnade seid ihr gerettet, vermittels des Glaubens, und das nicht aus euch, Gottes Gabe ist es; nicht aus Werken, damit niemand sich rühme. Denn wir sind sein Werk, erschaffen in Christus Jesus zu guten Werken, welche Gott zuvor bereitet hat, dass wir darin wandeln sollen" (Epheserbrief 2,8-10).

Wir erlangen in unserem Leben nur dann echte Geborgenheit, wenn wir erkennen, dass es zuerst gilt, in dem zu ruhen, was Gott selbst zuvor bereitet hat; wenn wir lernen, die Geborgenheit in Christus in Anspruch zu nehmen.

Was zeichnet die Situation eines Kindes im Mutterleib aus? Die ganze Last ruht auf der Mutter. Der Embryo lässt seine Mutter die Verantwortung tragen.

So erzählt uns auch das Buch Genesis, dass der Mensch von Gott am Ende des 6. Tages erschaffen wurde. Adam begann seinen Lebenswandel mit dem 7. Tag – dem Sabbat, dem Ruhetag Gottes – einem Tag der Geborgenheit und Sicherheit in Gott.

Gott arbeitete, dann ruhte er von seinen Werken – der Mensch muss, um wirklich arbeiten zu können, zuerst die Ruhe in Gott in Anspruch nehmen. Weil Gottes Schöpfung wirklich vollendet war, konnte Adam sein Leben in dieser Schöpfung mit Ruhe und Geborgenheit beginnen. Weil Jesus die Erlösung wirklich vollbracht hat, kann ein Mensch sein Leben in dieser Erlösung mit Ruhe und Geborgenheit beginnen!

"Es ist vollbracht!" Gott hat alles Notwendige in Christus vollbracht. Daher sollen wir der Einladung folgen: *"Es ist alles bereit; kommt!"* (Matthäusevangelium 22,4).

Ein lebendiges Christenleben beginnt damit, dass wir erkennen, was Gott alles für uns bereithält!
Nur jener Christ, der dieses Prinzip zu seiner Lebensgrundlage macht, wird auch Sinn und Bestätigung in seinem Leben erfahren. Er muss zuerst in Gott ruhen, muss erkennen, was im Epheserbrief 2,5+6 gemeint ist: *"... die wir tot waren durch die Sünden, samt Christus lebendig gemacht – aus Gnaden seid ihr gerettet – und hat uns mitauferweckt und mitversetzt in die himmlischen Regionen in Christus Jesus"!*

Wenn wir unser Leben Jesus ausgeliefert haben, sind wir in ihm und daher mit ihm in einer anderen Dimension ruhend. Das ist unsere Stellung in Christus – eine unsichtbare, himmlische Tatsache. Unser Zustand als Christ soll davon geprägt werden.
Auch im Römerbrief 6,6 wird diese Stellung verdeutlicht: *"Wissen wir doch, dass unser alter Mensch mitgekreuzigt worden ist, damit der Leib der Sünde außer*

Wirksamkeit gesetzt sei, so dass wir der Sünde nicht mehr dienen" ....

Nehmen wir an, ich legte ein loses Blatt in meine Bibel. Was nun mit meiner Bibel geschieht, das geschieht auch mit dem Blatt. Wenn ich meine Bibel ins Wasser werfe, wird auch das Blatt nass, wenn ich meine Bibel verbrennen würde, würde auch das Blatt mitverbrennen. Lege ich meine Bibel auf den Eiffelturm, so liegt auch das Blatt auf dem Eiffelturm. Alles, was für meine Bibel gilt, gilt auch für das lose Blatt drinnen. Alles, was für Christus gilt, gilt auch für den, der mit ihm vereint ist. Und vor 2000 Jahren erlitt Jesus den Kreuzestod und wurde zu einem neuen Leben auferweckt. So darf auch der Christ an diesem Tod und dieser Auferstehung teilhaben, weil er – wie das lose Blatt in meiner Bibel – in Christus ist.

Ein Mensch ohne Geborgenheit in Gott muss sich geradezu davor fürchten, "Spielball des Zufalls" oder "von blinden Mächten hin- und hergeworfen" zu werden. Wer nicht weiß, welche Kräfte in seinem Leben walten, der merkt, dass die Pfeiler seines Lebens-Fundamentes brüchig sind und er deshalb Lebensangst bekommt. Und spielt in manchen Fällen nicht auch sehr deutlich die Angst vor einem zukünftigen Gericht (das ja auch sicher kommen wird), vor einem heiligen, gerechten Gott mit?!

Wie trostreich sind hier die Worte für einen lebendigen Christen: *"Wahrlich, ich sage euch, wer mein Wort hört und dem glaubt, der mich gesandt hat, der hat ewiges Leben und kommt nicht ins Gericht, sondern er ist vom Tode zum Leben hindurchgedrungen"* (Joh. 5,24).

Wie trostreich auch die Worte aus dem Römerbrief 8,28, dass "alles zum Besten dienen muss, denen die Ihn lieben"! Hier erlebt ein Mensch, dass er nicht Spielball blinder Mächte in einem unpersönlichen Universum ist, sondern ein Kind Gottes, dessen treusorgender Vater nicht nur der Schöpfer Himmels und der Erde ist, sondern auch mit großem Interesse über seine Kinder wacht. Gott wird im Leben derer, die Ihm gehören, nichts zulassen, was ihnen schadet! Welch eine Geborgenheit entsteht aus dieser Gewissheit! Eine Geborgenheit, die auch in materieller Not anhält.

Aus diesem Grund kann ein Christ auch alle "Besitzmanie" ablegen, denn auch in schwierigen Situationen hat Gott den Seinen verheißen: *"Ich will dich nicht verlassen noch versäumen!"* (Hebräerbrief 12,5).

Kapitel 2

Geborgenheit und Heilsgewissheit

Bereits diese ersten Sprossen unserer “Entwicklungs-Leiter” sind bei vielen Leuten sehr brüchig oder fehlen gänzlich. Deshalb befasst sich dieses Kapitel vertiefend mit jener Grundlage, die am Ende des letzten Kapitels richtungsweisend erwähnt wurde. Christen, die sich bereits für ein Leben mit Gott entschieden haben wie auch solche Mitmenschen, die diesen Schritt noch nicht vollzogen haben und noch nach persönlicher Orientierung suchen, seien hier angesprochen.

“Jetzt tut es mir zwar leid”, gestand mir der junge Mann, der sich im Verlauf unseres Gesprächs immer mehr öffnete, “doch ich merkte in meinem Christenleben bald nur noch dieses eine Manko: Ich wusste mich nicht geborgen. Das ließ mich bitter werden, und ich suchte Geborgenheit vor allem in zwischenmenschlichen Beziehungen. Aber auch im Zusammenleben mit verschiedenen Freundinnen wurde mein tiefes Sehnen nicht gestillt. Schließlich wusste ich gar nicht mehr, ob ich überhaupt Christ bin. Ich war mir meiner Errettung und Erlösung nicht mehr gewiss, denn bei all meinem Versagen und meinen Sünden konnte ich mir nicht vorstellen, dass Gott noch etwas mit mir zu tun haben möchte” ...

Die zunehmende Unsicherheit und Ausweglosigkeit, so erzählte dieser Christ dann weiter, raubte ihm unsagbar viel Energie und Spannkraft, machte jeden Tag die Last eines schlechten Gewissens erkennbar und führte schließlich zur völligen Resignation im Christenleben.

Ein extremer Ausnahmefall? Vielleicht. Doch ich bin überzeugt, dass viele Christen mit fehlender Geborgenheit und Heilsgewissheit und den verschiedensten Auswirkungen davon zu kämpfen haben. Und jene, die sich im Bezug auf ein Leben mit Jesus Christus erst noch orientieren möchten, fühlen sich bei ihren widersprüchlichen Beobachtungen zutiefst verunsichert.

Heilsgewissheit

Zuerst wollen wir der Frage nachgehen, wie ein Mensch überhaupt zu einer befriedigenden und befreienden Gewissheit seiner Erlösung in Gott kommt. Diese Gewissheit können wir auch "Heilsgewissheit" nennen.

Dazu ist es nötig, die beiden Aspekte der Neuwerdung des (inneren) Menschen zu betrachten, nämlich das Handeln Gottes und das Handeln des Menschen.

Das Handeln Gottes

"Niemand kann zu mir kommen, es sei denn, dass ihn ziehe der Vater, der mich gesandt hat..." (Joh. 6,44)

Gott wirkt durch Seinen Heiligen Geist am Menschen (vgl. Joh. 16,8 ff.), um diesem das Angebot Gottes in Jesus Christus klar zu machen, ihn einzuladen, auf dieses Angebot persönlich einzugehen. Das "Werben" um den Menschen geht also grundsätzlich von Gott selbst aus (vgl. Röm. 5,8).

Ein Mensch "bekehrt" sich, wenn er sich von der Botschaft Gottes überführen lässt und sich vollumfänglich auf das Angebot Gottes einlässt. Auf diese "Bekehrung", diese Umkehr, antwortet Gott mit der geistlichen Neugeburt (genannt: “Wiedergeburt”, vgl. Joh. 3 – nicht zu verwechseln mit dem esoterischen Glauben an die Reinkarnation!).

Gott nimmt durch den Heiligen Geist Wohnung im Geist des Menschen (vgl. Joh. 14,18-20 und beispielhaft Offb. 3,20) und macht diesen somit lebendig (vgl. Eph. 2,1 ff.). Denn solange der menschliche Geist von Gottes Geist getrennt ist, ist der Mensch biblisch gesehen zwar geistig sehr lebendig, aber “geistlich tot”.

Worin besteht das Angebot Gottes?

Im bereits erwähnten Bibeltext von Joh. 16,8 ff. heißt es, dass der Heilige Geist gesandt wurde, um die Welt zu überführen von “Sünde, von Gerechtigkeit und Gericht”. Der Heilige Geist bewirkt also Sündenerkenntnis. Das Angebot Gottes kann nur jener Mensch verstehen, dem klar wird, dass er vor Gott schuldig und ein Sünder ist.

Hindernis: Falsches Gottesbild

Bereits hier begegnen wir einem gewaltigen Hindernis: “Gott ist doch Liebe, wie kann er mich dann verdammen! ?” – ein weitverbreitetes Argument, das von mangelndem Verständnis der Heiligkeit Gottes zeugt.

Es stimmt: Gott ist Liebe (kein “lieber Gott”), aber Gott ist auch die Wahrheit, Gerechtigkeit und Heiligkeit. Die Liebe Gottes will, dass *“alle Menschen gerettet werden und zur Erkenntnis der Wahrheit kommen”* (1. Tim.

2,4). Die Wahrheit und Gerechtigkeit Gottes erfordert aber – gemäß seiner Androhung bereits in 1. Mose 2,17 – dass *"der Sünde Sold der Tod"* (Röm. 6,23) ist – in körperlicher wie in geistlicher Hinsicht.

Sünde trennt von Gott. Die Heiligkeit Gottes verträgt sich mit keiner einzigen Sünde im Leben eines Menschen (vgl. Jak. 2,10). Der Mensch, der mit seiner Sünde vor den heiligen Gott tritt, muss das Urteil Gottes akzeptieren: "Keine Gemeinschaft!", d.h. Trennung, ewige Verlorenheit, ewige Gott-los-igkeit.

So wie eine schöne, weiße Wand, die ich mit einem schwarzen Fleck beschmutze nicht mehr weiß ist, genauso wäre Gott nicht mehr heilig, würde er sich mit Schuld und Sünde verbinden.

Diese Diagnose wurde von Gott selbst gestellt und ist richtig, unabhängig davon, ob wir uns auch entsprechend verurteilt oder schuldig fühlen oder nicht. Es sind "Gerichts-Fakten", die Gott selbst über den Zustand des Menschen ausgesprochen hat.

Ein betrunkener Fahrer, der aufgrund seines Zustandes einen Menschen überfahren hat, wird von jedem Gericht verurteilt werden – wegen dieses einzigen Deliktes! Seine Beteuerungen, er sei schon 30 Jahre lang immer nüchtern und unfallfrei gefahren, würden ihn (juristisch gesehen zurecht) nicht vor Strafe schützen.

Die Lösung Gottes

Vor rund 2000 Jahren schleppte sich ein Mann mühsam einen Hügel hinauf. Die Sonne brannte heiß auf sein blutverschmiertes Haupt. Römische Soldaten stießen ihn unter Schlägen vorwärts. Auf dem Hügel „Golgatha", abseits von Jerusalem, nagelten sie den zerschundenen Körper ans Kreuz. Doch es kamen keine Wutschreie von den Lippen des Gemarterten. „Es ist vollbracht!" stieß er hervor, dann starb er. Am hellen Nachmittag wurde es plötzlich finster, die Erde erbebte. Am Kreuz, auf dem Hügel „Golgatha", hing der Sohn Gottes: Jesus Christus.

Warum musste Jesus diesen Weg gehen? Weil es keine andere Möglichkeit gab, die Schuld und Sünde der Menschheit zu bereinigen. *„Es ist keiner gerecht, auch nicht einer!"* (Röm. 3,23), so lautet das Urteil Gottes über jeden von uns. Die Schuld eines jeglichen steht wie eine undurchdringliche Mauer zwischen ihm und Gott. Keine noch so religiöse Anstrengung kann dieses Mauerwerk durchdringen.

Somit wäre das ewige Getrenntsein von Gott die gerechte Folge der Sündenschuld jedes einzelnen von uns.

Doch da wird Gott selbst Mensch in Jesus Christus. Auf Golgatha zerbricht er die Mauer der Sünde, nimmt alle Schuld auf sich und erleidet die höllischen Folgen davon *("Mein Gott, mein Gott, warum hast du mich verlassen!")*.

"Er wurde durchbohrt um unserer Übertretung willen, zerschlagen wegen unserer Missetat; die Strafe, uns zum Frieden, lag auf ihm, und durch seine Wunden sind wir geheilt." (Jesaja 53,5)

Da gibt es also jemanden, der alles, was wir in unserem Leben sündigten, bezahlt und gesühnt hat. Und dieser Christus, der nach drei Tagen von Gott auferweckt wurde, der auferstanden ist und lebt, bietet jedem einzelnen an, diese stellvertretende Verurteilung in Anspruch zu nehmen.

Und jeder, der die Schuld seines Lebens auf Christus wirft, kann nun völliger Vergebung gewiss sein.

Der Scheich und die Todesstrafe

Diese Tatsachen lassen sich an einer kleinen Geschichte verdeutlichen: Im Nahen Osten gab es vor vielen Jahren einmal ein Reich, über das ein gutmütiger, gerechter Scheich herrschte, der zugleich auch oberster Richter des Landes war. Er war in ganzer Hingabe um das Wohlergehen seiner Untertanen besorgt und erließ Gesetze, die dem Zusammenleben der Menschen äußerst förderlich waren. Die Araber dieses Reiches waren sehr dankbar für ihren Herrscher.

Es gab in diesem Land jedoch ein Problem von besonders zerstörerischer Wirkung: Da gab es verbrecherische Männer, die Kamele stahlen; Tiere, die für die Einwohner des Landes oft die Lebensgrundlage bedeuteten. So erließ der Scheich eines Tages das harte Gesetz: „Wer Kamele stiehlt, erhält die Bastonade, nämlich 50 Schläge auf die Fußsohlen“ (was meist einem Todesurteil gleichkam).

Die Diebstähle nahmen rapide ab. Obwohl der Scheich seine Leute liebte (besser gesagt: gerade weil er das Beste für seine Einwohner wollte), musste er dieses harte Gesetz erlassen – und zur Anwendung bringen, wenn jemand tatsächlich wieder ein Kamel stahl.

Eines Tages jedoch wurde der Scheich zutiefst erschüttert. Da schleppten nämlich seine Diener einen jungen Mann vor den Richterstuhl, dem man eine Menge Kamel-Diebstähle nachweisen konnte. Und dieser junge Mann war der eigene Sohn des Scheichs!

Konnte der Scheich nun als gerechter Richter einfach „ein Auge zudrücken“, nur weil er seinen Sohn über alle Maßen liebte? (So wie es manche von Gott erwarten?) Nein! Er musste aufgrund seiner Gerechtigkeit das Urteil aussprechen. „Bastonade – 50 todbringende Schläge auf die Fußsohlen“.

Der verzweifelte Sohn verbrachte eine schlaflose Nacht im Kerker. Um die Mittagszeit sollte das Urteil vollzogen werden. Er wusste, dass sein Vater nicht anders hatte handeln können, da er sich sonst als gerechter Richter völlig disqualifiziert hätte.

Im Morgengrauen jedoch hörte er klatschende Schläge und unterdrückte Schreie in seine Gefängniszelle dringen. Er sprang auf und blickte durch das vergitterte Fenster. Da sah er mitten auf dem Gefängnishof einen

Mann im Staub liegen, die Füße hochgebunden, die Bastonade empfangend. Es waren noch nicht sämtliche Schläge verabreicht, da fiel dieser bestrafte, gemarterte Mann zur Seite, und der junge Mann konnte das Gesicht des Hingerichteten erkennen. Es war sein eigener Vater, der Scheich und Richter des Landes ...

Kurz darauf betrat ein Gerichtsdiener die Gefängniszelle und verkündete dem jungen Dieb die frohe Botschaft: "Ihre Strafe wurde von Ihrem eigenen Vater bezahlt. Sie können diese stellvertretende Tat annehmen, und ich kann Sie freilassen. Sie können diese aufopfernde Tat auch ablehnen, dann müssen Sie selbst die Strafe auf sich nehmen."

Der junge Mann nahm dankbar an, wurde freigelassen und änderte hinfort grundlegend sein Leben.

Vertrauen auf die Begnadigung

Ich bin mir bewusst, dass jeder Vergleich „hinkt", aber hat Jesus Christus nicht Ähnliches für uns getan wie jener märchenhafte Scheich und Richter?!

„Wir gingen alle in die Irre wie Schafe, ein jeder wandte sich auf seinen Weg; aber der Herr warf unser aller Schuld auf ihn." (Jesaja 53,6)

Wer dieses stellvertretende Opfer Jesu in Anspruch nimmt, wer sich mit dem Gemarterten identisch erklärt, sein Leben ihm ausliefert, dem wird die Tür des Gefängnisses seiner Sünde geöffnet, und er darf sich echter „Begnadigung" erfreuen. (Begnadigung – voll und ganz

– nicht „auf Bewährung“!)
Wer diese Tat Jesu wirklich erfasst hat, der wird allerdings nie seine “Begnadigung” als “billige Gnade” missbrauchen, denn er weiß, was es Jesus Christus gekostet hat, diese Begnadigung zu erwirken!

Wer allerdings darauf vertraut, dass Gott “zwei Augen hat, damit Er eines zudrücken kann”, der ist falsch beraten und steht in Gefahr, das Liebesangebot Gottes zu verpassen und ewig verloren zu gehen. Gott wird das Urteil: “ewige Gottesferne” jedem gegenüber aussprechen, der auch nur mit einer Sünde vor ihm erscheint; und Gott wird das Urteil “bereits bezahlt! Gesühnt! Vollbracht!” jedem gegenüber aussprechen, der sich zu Jesus Christus bekehrt hat und mit Jesu Gerechtigkeit “bekleidet” ist.

Folgende Skizze soll das verdeutlichen:

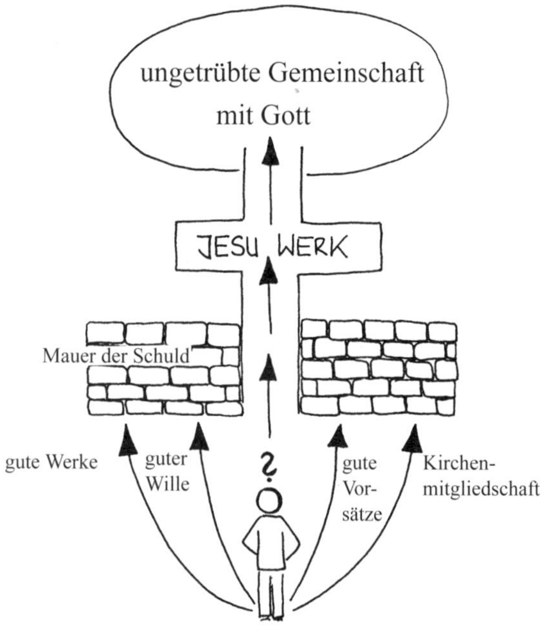

Wie kann ich also vor Gott bestehen? – Durch meine religiösen Taten? Durch meinen guten Willen? Durch Vorsätze? Durch „ordentliches“ Leben? – Nein! Mein Vertrauen muss allein auf dem beruhen, was Jesus Christus für mich vollbrachte: die Sühnung meiner gesamten Schuld, sämtlicher Sünden, seien sie vergangen oder künftig.

Das war doch vor 2000 Jahren!?

Vergebung aller meiner Schuld? Wie ist denn das möglich, da Jesus doch vor rund 2000 Jahren gestorben ist - wie kann mir das heute zugute kommen?

Wir wollen die Antwort mit einem Gleichnis verdeutlichen: Vergleichen wir unser Leben mit einem Film. Vielleicht kann sich der eine oder andere Leser noch an die alten Filmapparate erinnern, die man früher in den Schulen zum Einsatz brachte. Wenn ein Film durch solch einen Filmapparat lief, waren stets zwei Filmspulen zu sehen. Und diese Filmspulen wollen wir als bildhaften Vergleich nehmen. Während nämlich der Film durchläuft, so bedeutet die hintere, untere Spule die „Vergangenheit”: Die Szenen sind bereits abgelaufen, wir kennen sie bereits.

Die vordere, obere Spule ist „Zukunft“: Die dortigen Geschehnisse kennen wir noch nicht, wir haben sie noch nicht gesehen, noch nicht erlebt.

Die Szenen, die gerade auf die Leinwand projiziert werden, sind für uns „Gegenwart” – , also der Übergang von der unbekannten Zukunft in die Vergangenheit das ist Gegenwart.

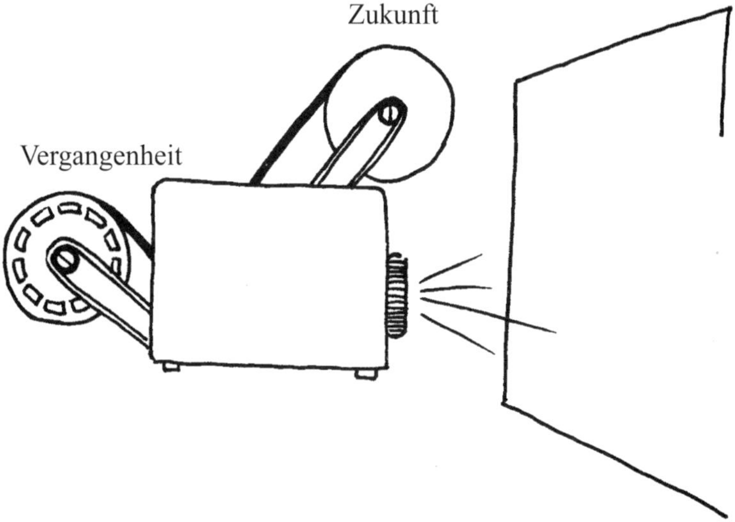

Da wir Menschen in der Dimension „Zeit“ leben, sind wir gezwungen, in diesen Kategorien von Zukunft – Gegenwart – Vergangenheit zu denken. Zeit, die vierte Dimension (neben Länge, Breite und Höhe), gehört zu unserem menschlichen Leben.

Nun zeigt uns aber die Bibel auf, dass Gott nicht an diese Dimensionen gebunden ist, er ist „multidimensional“, d.h., dass er auch der Dimension „Zeit“ nicht unterworfen ist. Bei Gott ist alles wie Gegenwart. Daraus folgt, dass Gott unser ganzes Leben (unseren ganzen Lebensfilm) wie eine aufgewickelte Filmrolle mit einem Blick überschauen kann.

Er kennt also auch unsere Zukunft (wobei festzuhalten ist, dass Gottes Kenntnis von unserer Zukunft nicht automatisch einen Einfluss auf die künftigen Geschehnisse bedingt. Obwohl Gott die Zukunft kennt, ist uns diese nicht „vorherbestimmt“, nicht prädestiniert).

Als Jesus Christus vor 2000 Jahren die Sünden aller Menschen auf sich nahm, da nahm er auch die Sünden jener Menschen auf sich, die im „Weltgeschichte-Film“ erst in der Zukunft tätig werden würden.

Vor 2000 Jahren konnte Jesus also bereits für mich und für Sie persönlich sterben, weil die ganze Weltgeschichte vor seinen göttlichen Augen lag. Und Jesus starb für Ihre gesamte Schuld, für alle Sünden, die in Ihrem Leben begangen wurden und werden.

Er überblickte bereits Ihr und mein ganzes Leben mit allen Sünden – und bezahlte dafür.

Wenn nun ein entschiedener Christ sündigt, darf er wissen, dass Jesus Christus grundsätzlich bereits für diese Sünde gestorben ist. Daher kann der Christ froh dem Worte in 1. Joh. 1,9 Folge leisten: *„Wenn wir aber unsere Sünden bekennen, so ist er treu und gerecht und vergibt sie uns und reinigt uns von aller Ungerechtigkeit.“*

Ich darf also jederzeit Jesus Christus meine Schuld bekennen und er kann sie vergeben, weil er ja bereits dafür gestorben ist, weil er bereits dafür bezahlt hat.

Nur aufgrund dieser Tatsache können wir auch begreifen, warum das Werk Jesu vollkommen ist – für die Dauer unseres ganzen Lebens mit aller Schuld hat er bezahlt!

“..Mit einem einzigen Opfer hat er die, welche geheiligt werden, für immer vollendet”, sagt Hebräer 10, 14. Daran ist nichts zu rütteln!

Ein junger Mann schrieb mir: “Als ich mich bekehrt hatte, dachte ich, alle meine Sünden, die ich bis zu dem Augenblick, in dem ich mein Vertrauen auf den Herrn Jesus setzte, begangen hatte, seien vergeben und vergessen. Ich dachte weiter: Gott hat mir einen Neuanfang geschenkt, und wenn ich nun das Blatt meines Lebens bis an mein Lebensende rein halte, dann werde ich in den Himmel kommen. Wenn ich es aber nicht reinhalte, bin ich kein Christ mehr; ich muss mich dann wieder von neuem bekehren. Jedes Mal, wenn ich mich neu bekehre, ruht die Vergangenheit unter dem Blut Jesu, aber im übrigen ist es meine Sache, mein Lebensblatt rein zu halten.”

Was ist das doch für eine Gott entehrende Auffassung von der Versöhnung! Wenn nur die Sünden vor meiner Bekehrung durch das Blut Christi gesühnt wurden, wie können dann die Sünden gesühnt werden, die ich nach der Bekehrung tat und vor Gott bekannte?

Der einzige Grund für Gott, die Sünden zu vergeben, ist das Blut Christi. Sein Blut wurde ein für allemal am Kreuz vergossen, und dadurch wurde meine Sache mit Gott ein für allemal geordnet.

“Jesus Christus starb nicht nur für die Sünden, die wir vor unserer Bekehrung begangen haben, sondern auch für die Sünden, die wir in Zukunft noch begehen werden!”, schreibt der Autor Ironside. Gott weiß, dass ein Christ lernen und wachsen muss, und dass dabei Versagen und Schuld vorkommen. All dies hat er am Kreuz bereits völlig bezahlt.

Wozu das Bekennen?

Wozu dann das Bekennen der Sünde, wenn doch Jesus Christus für alles schon bezahlt und alles bereits auf sich genommen hat?

Nun, denken wir an die Beziehung einer Mutter zu ihrem Kind. Weil die Mutter ihr Töchterlein geboren hat, ist das Mädchen ihr Kind, ist das Mädchen grundsätzlich von seiner Mutter angenommen. Was passiert nun aber, wenn das Töchterlein seine Mutter anlügt? Es bleibt Kind seiner Mutter, es bleibt grundsätzlich angenommen, doch die Gemeinschaft mit der Mutter ist getrübt. Es steht "etwas" zwischen den beiden - ohne dass dadurch das Kindschaftsverhältnis angefochten ist.

So steht auch "etwas" zwischen Gott und dem Christen, der eine Sünde begangen hat. Damit die Gemeinschaft wieder ungetrübt funktionieren kann, wird das Mädchen seiner Mutter die Lüge bekennen und um Vergebung bitten, wie auch der Christ seine Verfehlung seinem Herrn bekennen und Ihn um Vergebung bitten wird – die er dann auch dankbar und in froher Gewissheit annehmen kann, weil Gott sie ihm aufgrund des vollkommenen Werkes Jesu zusagt.

Auch unbewusste Schuld ist Sünde

Dass Jesus Christus bereits für alle Schuld bezahlt hat, ist auch hinsichtlich der Tatsache wichtig, dass in jedem Christenleben unerkannte und unbewusste Schuld vorhanden ist!

Aber – so mag jemand einwenden – dann ist es doch gar keine Sünde, wenn ich sie unbewusst begehe. O nein, das stimmt nicht! Sünde ist Sünde, auch wenn wir sie nicht als solche erkennen. So redet beispielsweise 3. Mose 4,1 ff. von Leuten, die sich "aus Versehen" versündigt haben – sie müssen, weil tatsächlich Schuld vorliegt, ebenfalls Sündopfer bringen.

Ein Mensch, der meint, das Finanzamt dürfe man schon betrügen, und der dies auch "mit gutem Gewissen" tut, ist trotzdem schuldig geworden. Wahrscheinlich wird ihm die Sünde erst später, unter der aufhellenden Wirkung des Heiligen Geistes, bewusst.

Das ist auch die geistliche Entwicklung, die ein "normaler" Christ erlebt: Je enger er Jesus Christus nachfolgt, je reifer er im Glauben wird, desto mehr wird er falsche und schuldhafte Aspekte in seinem Leben entdecken. Schuld, die er vor einiger Zeit noch gar nicht als solche erkannt hatte – und die trotzdem da war. Erst im Laufe des Christenlebens wird dem Christen immer mehr bewusst, wie viele Taten noch egoistisch motiviert sind, wie viel Unehrlichkeit in seinen Worten mitschwingt, wie viele Dinge er unterlässt, die er eigentlich tun sollte, – alles Schuld, die stets unbewusst in seinem Leben vorhanden war.

Wie tröstlich hier zu wissen, dass Jesus Christus für alle Schuld bezahlt hat und dass Sein vollkommenes Werk grundsätzlich auch diese Dinge mit einschließt!

Anders wäre eine Gemeinschaft mit Gott gar nicht möglich, denn Gott kann mit keiner einzigen Sünde Gemeinschaft haben. Weil aber alle Verfehlung unter der Vergebung durch das vergossene Blut Jesu steht, ist Gemeinschaft mit Gott möglich. Diese Gemeinschaft wird also nur dann gestört (nicht aufgehoben!), wenn der Heilige Geist Schuld bewusst werden lässt (und an dieser Arbeit ist er unser ganzes Leben lang) und wir diese Sünde nicht zugeben, nicht bekennen.

Außer der Vergebung aller Schuld geschieht noch viel Wunderbareres! Wenn ein Mensch sein Leben Jesus anvertraut, bleibt er nicht nur ein Geschöpf Gottes, sondern er wird auch zu einem "Kind Gottes": *"Allen aber, die ihn aufnahmen, gab er Vollmacht, Gottes Kinder zu werden..."* (Joh. 1, 12)

Gott nimmt durch den Heiligen Geist Wohnung im Menschen: *"Wisset ihr nicht, dass euer Leib ein Tempel des in euch wohnenden Heiligen Geistes ist?"* (1. Kor 6,19) Der Mensch wird zu einer inneren Neuschöpfung: *"Ist jemand in Christus, so ist er eine neue Kreatur."* (2. Kor. 5,17)

Er wird Glied am unsichtbaren Leib Jesu: *"So sind wir alle durch einen Geist in einen Leib getaucht" (getauft, hineingepfropft)* – 1. Kor. 12,13.

Welch herrliche Stellung für einen Menschen, der bei Gott zu Hause, der gerettet ist!

Das Handeln des Menschen

Auf das Angebot Gottes, auf das vollbrachte Werk Jesu, muss die Reaktion des Menschen erfolgen. Die Bibel fordert uns deshalb auf: *“Tut Buße!”* (Apg. 2,38) Dieses Wort “Buße” wird häufig missverstanden im Sinne von “abbüßen”, “vergelten”, was dem biblischen Gedanken völlig widerspricht, denn das griechische Wort für Buße heißt *metanoia* und kann direkt übersetzt werden mit “umdenken”, “umkehren”, “umsinnen”.

Bisher hat ein (vielleicht auch sehr religiöser Mensch) gedacht, er könne durch vorbildliches Tun, durch Vorsätze, Kirchenmitgliedschaft, religiöse Anstrengungen oder sonstige gutgemeinte Aktivitäten, Gott zufrieden stellen, die eigenen Sünden damit wettmachen und ausgleichen oder “sich den Himmel verdienen”.

Buße tun heißt für diesen Menschen nun praktisch, dass er “umdenkt”: Er vertraut auf nichts anderes mehr, um Gott zufrieden zu stellen oder Vergebung seiner Schuld und ewiges Leben zu erhalten, als auf das, was Jesus Christus am Kreuz für ihn vollbracht hat!

“Warum soll ich dich in den Himmel lassen?”

Um diese Ausführungen noch etwas zu verdeutlichen (und das eigene Denken überprüfen zu können), sei dem Leser eine konstruierte Frage gestellt: Angenommen, Sie hätten einen tödlichen Autounfall und würden vor Gott stehen, der Sie fragen würde: „Warum soll ich dich in den Himmel lassen?“ Was würden Sie antworten?

Ihre Antwort würde vermutlich genau der Sache entsprechen, worauf Sie Ihr heimliches Vertrauen setzen.

Würden Sie sagen: „Weil ich mich bemüht habe, ein guter Christ zu sein...“?
(Dann würde Ihnen Gott wohl sehr eindrücklich Ihr Versagen vor Augen malen.)

Oder: „Weil ich an die gutmütige Liebe des himmlischen Vaters glaube“?
(Dann würde Ihnen Gott seine Gerechtigkeit und Heiligkeit verständlich machen, die sich mit keiner einzigen Sünde verträgt.)

Wie auch immer: Wer begriffen hat, dass er Verlorenheit und Gottesferne verdient hätte und allein durch das Werk Jesu begnadigt wurde, der würde antworten: “...Ich habe dir nichts zu bringen, worauf du mich in den Himmel lassen solltest – ich blicke allein auf das Werk deines Sohnes Jesus Christus, hinter dem ich mich verberge, auf das ich vertraue – dieses Werk muss genügen, um mir das Himmelstor zu öffnen.“

Solch ein Mensch würde also auf nichts anderes mehr vertrauen als auf das, was Jesus Christus für ihn vollbracht hat. Und das ist die eigentliche Grundvoraussetzung, um Gott persönlich erfahren zu können.

Eine bewusste, persönliche Entscheidung

Bekehrung, Umkehr, Umdenken schließt aber auch die willentliche Lebensübergabe mit ein. Jesus Christus will nicht nur "Beifahrer" im Leben eines Christen sein, sondern "Steuermann". Und dieses "Steuerrad" meines Lebens muss ich Ihm willentlich anvertrauen. Das heißt, ich räume Gott freiwillig das Recht ein, in meinem Leben handeln zu können, wie er will.

Das Beispiel eines jungen Mannes

Wir kennen wohl alle die Schilderung in Lukas 15 vom verlorenen Sohn (ein Bild für den von Gott entfernten Menschen), der sich von seinem Vater (ein Bild für Gott, den himmlischen Vater) das Erbe auszahlen lässt, in ein fernes Land geht, dort sein Vermögen mit einem liederlichen Leben verschleudert und schließlich bei den Schweinen landet, deren Futter er nicht mal essen darf. Und dort heißt es dann von diesem Mann: *Er kam aber zu sich selbst und sprach: " Wie viele Tagelöhner meines Vaters haben Brot im Überfluss, ich aber verderbe hier vor Hunger! Ich will mich aufmachen und zu meinem Vater gehen und zu ihm sagen: Vater, ich habe gesündigt gegen den Himmel und vor dir, ich bin nicht mehr wert, dein Sohn zu heißen; mache mich zu einem deiner Tagelöhner!" Und er machte sich auf und ging zu seinem Vater.*

Ich denke, die Situation dieses jungen Mannes lässt sich gut nachempfinden. Er gibt seinen Mangel zu (er hat großen Hunger und nichts zu essen!) und merkt auch, dass sein bisheriger Weg ein Irrweg war. Daher fasst er den Entschluss, zu seinem Vater zurückzukehren und ihn zu bitten, ihn doch als Tagelöhner einzustellen - damit er wenigstens wieder etwas zu essen hat, denn die Tagelöhner “haben Brot im Überfluss”.

Lukas berichtet weiter (Kap. 15,20 ff.): *Als er aber noch fern war, sah ihn sein Vater und hatte Erbarmen, lief, fiel ihm um den Hals und küsste ihn. Der Sohn aber sprach zu ihm: “Vater, ich habe gesündigt gegen den Himmel und vor dir, ich bin nicht mehr wert, dein Sohn zu heißen!” Aber der Vater sprach zu seinen Knechten: “Bringet eilends das beste Feierkleid her und ziehet es ihm an, und gebet ihm einen Ring an die Hand und Schuhe an die Füße; und bringet das gemästete Kalb her und schlachtet es; lasset uns essen und fröhlich sein...”*

Der Vater läuft seinem Sohn entgegen. Gott kommt dem Menschen entgegen. Gott ruft jeden von uns. Durch einen Bibeltext, durch unruhige Stunden, durch eine fast schlaflose Nacht, durch einen Unfall, durch einen Christen, durch einen Trauerfall, durch Krankheit oder Not und auch durch viele bewahrende und andere positive Geschehnisse. Jesus Christus breitet die Arme nach uns aus: *“Kommet her zu mir alle, die ihr mühselig und beladen seid. Ich will euch Ruhe geben. Ich will euch erquicken.”* (Matth. 11,28)

Nun fällt etwas Entscheidendes auf: Zwischen dem, was sich der Sohn vorgenommen hat zu sagen und dem, was er zu seinem Vater dann tatsächlich sagte, besteht ein Unterschied. Da fehlt ein Teil! Der Sohn sagte seinem Vater nicht alles, was er sich bei den Schweinen vorgenommen hatte. Bitte vergleichen Sie einmal die beiden Texte!

Nach der Begegnung mit dem Vater fehlt nämlich der Satz: *"Mache mich zu einem deiner Tagelöhner!"*

Dies hat seinen besonderen und äußerst wichtigen Grund: Die Motivation zur Gemeinschaft mit dem Vater hat sich grundlegend geändert. War der Sohn bei den Schweinen noch vom Mangel bewegt, von seinem Hunger getrieben, so ist es ihm nach der Begegnung mit seinem Vater völlig egal, was aus ihm wird. Da ist die Hungerfrage plötzlich in den Hintergrund getreten, und dem Sohn ist es nur noch ein Anliegen, seinem Vater seine Schuld zu bekennen und sich vertrauensvoll in seine Arme zu werfen.

Woher rührt dieser Gesinnungswandel? Führen wir uns die Begegnung mit dem Vater nochmals vor Augen: Der Vater hält keine Moralpredigt. Er verlangt keine Bewährungsprobe, legt keine Bußübungen auf. Er überhäuft seinen Sohn mit grenzenloser, unverdienter Liebe. Und da gehen dem jungen Mann erst die Augen auf. So hatte er seinen Vater noch nie gesehen!

Ein Mensch, der sich zum ersten Mal wirklich bewusst wird,
- dass der allmächtige Gott Mensch wurde, um die Schuld auf sich zu nehmen, die auf ihm selbst haftet;
- dass der Allmächtige solche Liebe zu einem hat, dass er – wäre ich auch der einzige Mensch auf dem ganzen Erdball – für mich allein gekommen wäre, um für mich zu sterben;

ein solcher Mensch, der die Liebe Gottes begreift, dem wird es nebensächlich sein, ob er nun mehr oder weniger zu essen hat, ob er mehr oder weniger glücklich ist

– dieser Mensch wird nur noch von einem Verlangen bewegt sein: diesem Jesus Christus nachzufolgen, Ihm gehören zu wollen!

Und dann beginnt wahres, lebendiges Christenleben auf der Grundlage innerer Ruhe und Geborgenheit! Echtes Christenleben ist keine Wanderung auf einem Weg, der von Gesetzestafeln gesäumt ist. Christenleben beginnt dort, wo ich mich völlig in die Arme Jesu werfe. Wo ich sage: "... sei du Herr, ich will Diener sein."

Innere Ruhe, Geborgenheit, Sicherheit und Freude beginnt dort, wo ein Mensch sein ganzes Versagen, seinen Schmutz, seine Schuld und Sünde zu Jesus bringt, im Vertrauen darauf, dass er dafür völlig bezahlt und gesühnt hat und er daher auch vollkommen vergeben kann und will.

Vertrauen auf die Gnade Gottes bedeutet also auch: Vertrauen auf das, was ich nicht verdient habe!

Leider sitzen viele Christen "zwischen zwei Stühlen". Sie haben zwar eine Hinwendung zu Jesus Christus vollzogen, haben sich gesagt: "Ich will mich aufmachen und umkehren, weil ich Mangel leide..." Doch bei dieser Motivation ist es dann auch geblieben.

Kein Wunder, dass sie nun kein erfülltes Christenleben erfahren; denn echtes Christenleben ist einzig und allein aus Liebe und Dankbarkeit gegenüber dem, was Jesus Christus getan hat, motiviert. Daher leben solche Christen in einer Art "Kuhhandels-Abhängigkeit" von Gott. "Ich will Dir nachfolgen, dafür aber... 'mache mich zu einem

Deiner Tagelöhner', gib mir dafür 'Brot im Überfluss'!"; "Ich will Dir nachfolgen, dafür aber ... mache mich glücklich, befreie mich von Süchten, tilge meine Geldschulden, lass meine Tochter wieder gesund werden, nimm mir die Krankheit weg, gib mir dies und jenes ... "

Dass Gott auf einen solchen "Kuhhandel" nicht eingeht, dürfte klar sein. Diese Christen können daher nichts anderes erleben, als immer wiederkehrende Enttäuschungen. Langsam aber sicher werden sie von den Klauen einer Unzufriedenheit und Frustration erfasst, denn sie erleben Gott nicht so, wie er wirklich ist, weil sie sich ihm noch nie völlig und mit restlosem Vertrauen in die Arme geworfen haben!

Gott erwartet, dass wir ihm unser Leben als "Blankoscheck" reichen. Bei einem Blankoscheck setzt man bereits die persönliche Unterschrift auf das Papier - ein anderer kann dann den Betrag eintragen, den er will. Unser Leben als "Blankoscheck" darreichen, das heißt, dass ich Gott grundsätzlich zu allem mein Einverständnis gebe, was Er auch mit mir geplant hat. Ich verzichte darauf, Ihm meine Vorschläge zu bringen ("mache mich zu einem Tagelöhner ... "), als ob er, der Allmächtige und Allwissende, nicht besser wüsste, was gut für mich ist und was nicht! Gott braucht mich auch vorher nicht über seine Pläne mit mir zu informieren und meine Entscheidung und mein Einverständnis abzuwarten:

Er hat grundsätzlich mein "Ja" zu seinen Wegen mit mir. Dann, aber erst dann, wenn ein Christ als vertrauensvoll Empfangender vor Christus tritt, wenn er Ihm einfach sein Leben zur Verfügung stellt, "egal, was kommen

mag", wird er das Unerwartete erfahren: Gott handelt besser, als ich es mir je vorzustellen wagte!
Der jüngere Sohn hatte alles andere erwartet, nur nicht ein Feierkleid! Oder einen Ring als Zeichen der Erbschaft! Oder ein Fest! Mit Gott ein Fest feiern (auch wenn's durch Leid und Trübsal geht), wird nur jener Mensch können, der Gott vorbehaltlos das Vertrauen ausspricht und sich mit seinen Wegen einverstanden erklärt!

Hindernis: unklare Motivation

Sicherlich haben viele von uns durch solch einen "Mangel" einen ersten Anstoß zur Umkehr erhalten. Mangel an Lebenssinn, zermürbende Probleme mit sich selbst, mit anderen, beruflicher oder gesundheitlicher Art, Abhängigkeiten, Süchte usw.

Doch nun ist es wichtig zu prüfen, ob wir inzwischen diese ichbezogene Motivation verlassen haben und Jesus Christus um Seiner selbst willen nachfolgen wollen.

Sind unsere Motive inzwischen Liebe und Dankbarkeit gegenüber dem, was Er für uns getan hat, oder kranken wir immer noch an Beweggründen wie Höllenangst, Lebensfurcht oder sonst einem Grund für einen "Kuhhandel": "Ich folge Jesus nach, damit mein Mann zu trinken aufhört; damit ich meine Schulden wieder in den Griff bekomme ... " usw.?

Vielleicht waren wir auch nur gefühlsmäßig stark angesprochen, als uns irgendein Prediger von Gott berichtete und uns zur Entscheidung für Jesus aufrief? Und dann haben wir ja gesagt zu Gott, ohne die Tatsache der vollumfänglichen Begnadigung zu verstehen, ohne das Wesen einer Liebesbeziehung zu Gott zu erfassen, ohne bei Gott wirklich zu Hause zu sein?

In diesem Falle ist es vonnöten, sich bewusst von diesen kümmerlichen Motiven zu trennen, sein Vertrauen allein auf das zu setzen, was Jesus für uns getan hat und Ihm zu sagen: "Herr, ich möchte dir nur noch nachfolgen aus Liebe und Dankbarkeit dir gegenüber! Du kannst mein Leben als 'Blankoscheck' haben, den ich bereits unterschrieben habe. Du hast hiermit mein Wort, meine freiwillige Entscheidung."

Hindernis: zweifelnde Gefühle

"Ich würde mein Leben ja gerne Jesus ganz anvertrauen, aber ich habe solche Angst davor, solche Zweifel, was dann alles geschieht…", gestand mir einmal ein Postbeamter.

Und eine junge Frau erklärte mir, warum sie immer solche Zweifel an ihrer Bekehrung hat: "Ich bin davon überzeugt, dass meine damaligen Motive nicht klar waren. Es spielte soviel mit, was ich heute selbst nicht mehr genau weiß. Jedenfalls bin ich mir überhaupt nicht recht sicher, ob ich's wirklich ganz ehrlich gemeint habe. Ich glaube, manche egoistischen Gründe spielten mit, als ich mich für Jesus entschied..."

Das stimmt sicherlich. Und Selbsterkenntnis sei der beste Weg zur Besserung, sagt man. Doch gerade solche "Selbsterkenntnisse" müssen nüchtern beurteilt und eingeordnet werden; denn diese Frau meinte nun, ihre zweifelnden

Gefühle würden ein klarer Hinweis auf die Fragwürdigkeit ihrer Entscheidung und Bekehrung sein.

Dem ist aber nicht so: Eine der größten Lügen unserer Gesellschaft ist nämlich die Behauptung, dass Gefühle stets Auskunft über die Realität geben würden. Wenn man sich schuldig fühle, dann sei man schuldig, wenn man sich unschuldig fühle, sei man unschuldig; wenn man Liebe fühle, dann liebe man, und wenn keine Liebesgefühle vorhanden seien, könne man auch nicht lieben usw. Das ist aber falsch.
"Dein Wort ist Wahrheit", heißt es in Joh. 17,18. Nicht Gefühle offenbaren uns die Wirklichkeit, sondern die Aussagen dessen, der Himmel und Erde erschaffen hat. Wenn ich also mit gutem Gefühl und großer Freude einen teuren Wertgegenstand über die Grenze schmuggle und dafür keine Zollgebühr bezahle, kann ich mich völlig unschuldig fühlen – und doch bin ich in Wirklichkeit schuldig!

Als Jesus am Kreuz hing, um für uns zu sterben, hatte er sicherlich keine Liebesgefühle uns gegenüber – und doch liebte er! Denn er suchte das Beste für uns!

Ein anderes Beispiel: Rudolf, seit drei Jahren entschiedener Christ, wünschte seinem Kollegen, auf den er sehr eifersüchtig und neidisch war, in Gedanken alles Schlechte – eine eindeutige Gedankensünde. Daraufhin hatte er richtigerweise ein Schuldgefühl. Er bekannte Gott seine Sünde, "horchte" in sich hinein und empfand das Schuldgefühl noch immer. Nochmals bekannte er Gott seine Sünde, bat inständig um Vergebung und – sein Schuldgefühl war immer noch nicht gewichen.

Am nächsten Tag dasselbe! Rudolf versuchte, wirkliche Reue zu empfinden in der Hoffnung, dass er dann die Vergebung wirklich in Anspruch nehmen könnte – vergeblich; das Schuldgefühl blieb.

Der Grund dafür war, dass Rudolf nicht dem Worte Gottes, sondern seinem Gefühl glaubte. Obwohl Rudolf seine Sünde vor Gott bekannte und Gott ihm die Vergebung verhieß *(“Wenn wir unsere Sünden bekennen, so ist er treu und gerecht und vergibt und reinigt uns von aller Ungerechtigkeit”* – 1. Joh. 1,9) glaubte er, dass das Vorhandensein seines Schuldgefühls ein Beweis dafür sei, dass seine Sünde noch nicht vergeben war.

Durch diesen Fehlglauben fütterte er zudem noch seine Schuldgefühle, die das Gegenteil von 1. Joh. 1,9 behaupteten, und so kam Rudolf nur noch tiefer in die Wirren seiner Gefühle hinein.

Auch Franz pflegte böse, neidische Gedanken, hatte ebenfalls Schuldgefühle und bekannte daraufhin seine Sünde vor Gott. Doch dann stand er von den Knien auf und sagte sich: “Mir soll es egal sein, ob ich nun noch Schuldgefühle habe oder nicht: Gott sagt mir in 1. Joh. 1,9, dass diese Sünde bereinigt ist, und somit halte ich an seiner Vergebung fest.”

Interessanterweise wurde Franz schon wenige Stunden später von keinem Schuldgefühl mehr geplagt. Warum? Er zwang seine Gefühle (hier: Schuldgefühle), Diener zu sein in seinem Leben und nicht Diktatoren. Er glaubte dem Worte Gottes mehr als seinen Empfindungen. Und dieses Prinzip ist auch für unser Thema der Bekehrung

wichtig: Die Gefühle geben keine Auskunft über die Realität, sie sollen Diener sein in unserem Leben und nicht Herren.
Genauso, wie uns Gott in Seinem Wort nicht auffordert, Reuegefühle zu “produzieren”, sondern unsere Sünden zu bekennen (beim Namen nennen, Gott recht geben), genauso fordert Gott uns nicht auf, uns mit einem Hingabegefühl für ihn zu entscheiden, sondern mit einer freien Willensentscheidung – egal, welche Emotionen gerade aktiv sind. Das heißt mit anderen Worten:

Gott nimmt uns beim Wort

Gott nimmt uns beim Wort, nicht beim Gefühl. Unser Wort, das wir ihm geben, als Ausdruck unserer persönlichen Willensentscheidung, beinhaltet den Teil der Bekehrung, den wir zu erbringen haben.

Darauf ist auch jegliche Liebesbeziehung aufgebaut: Liebe beruht immer auf Freiheit, auf der Möglichkeit, ja oder nein sagen zu können. Wahre Liebe vergewaltigt nie. Manch ein Mädchen (oder auch junger Mann) hatte plötzlich wieder recht zweifelnde, bedrückende Gefühle, als es vor dem Standesbeamten das verbindliche Jawort geben sollte. Und doch konnte das Mädchen sein Wort geben, weil es sich für diesen Mann entscheiden wollte – und die Öffentlichkeit wie auch der junge Ehemann nahmen das Mädchen beim Wort.

So nimmt auch Gott Sie selbst beim Wort, nicht beim Gefühl. Wenn Ihnen bewusst ist, dass Sie ein Sünder sind, der Verlorenheit verdient hätte, wenn Ihnen klar geworden ist, dass Jesus Christus ein vollkommenes Werk für Sie vollbracht hat und nun "Steuermann" Ihres Lebens sein möchte, dann treffen Sie bitte Ihre persönliche Entscheidung und setzen Ihr Vertrauen bezüglich Ihres Heils auf nichts anderes mehr als auf das vollbrachte Werk Jesu und bieten Sie ihm Ihr Leben als "Blankoscheck" willentlich an - auch wenn Zweifel, unsichere Gefühle, Emotionen der Angst und ähnliches Sie plagen. Gott nimmt Sie beim Wort! Sie dürfen nun wissen (und künftig stets daran festhalten), dass er Sie nach seinem Versprechen angenommen und zu seinem Kind gemacht hat!

"Wer zu mir kommt, den stoße ich nicht hinaus", sagt Jesus Christus in Joh. 6,37. Sollte er lügen? Sicherlich nicht! Es ist eher möglich, dass Ihre Gefühle lügen und Ihnen das Gegenteil mitteilen wollen. Glauben Sie nicht ihnen, sondern Gottes Wort!

Sie brauchen sich dann auch nicht des öfteren "zu bekehren". Sie müssen einfach sicher sein, dass Sie Jesus Christus im oben aufgezeigten Sinne Ihr Wort und willentliches Vertrauen gegeben haben. Das ist genug.

Sind Sie sich dessen aber nicht sicher, merken Sie, dass Sie zwar eine Hinwendung zu Jesus vollzogen haben, dass Sie einen "Handel" mit ihm eingegangen sind, ohne aber willentlich Ihr Leben als "Blankoscheck" auszuliefern, dann treffen Sie diese Entscheidung bitte bald und geben Sie Gott diesbezüglich Ihr Wort – als Ausdruck Ihrer freien Willensentscheidung!

Ein älterer Christ, der in großem Maße von Gott gebraucht wurde, erzählte von seiner viele Jahre zurückliegenden Bekehrung. Er konnte sich noch genau an die Worte erinnern, die er damals zu Gott betete. “Herr, allmächtiger Gott, ich kann dir nichts versprechen, denn ich weiß, was für ein Halunke ich bin. Ich kann dir auch keine Garantie geben, ob ich nicht bald wieder schlapp mache. Ich will aber diese vollkommene Vergebung, die Jesus Christus am Kreuz für mich geschaffen hat, für mich in Anspruch nehmen und will dir mein ganzes Leben zur Verfügung stellen. Ich weiß nicht, ob du überhaupt etwas mit mir anfangen kannst. Vielleicht meine ich bereits morgen, ich hätte mir etwas eingebildet, vielleicht habe ich bereits übermorgen tiefe Zweifel, falle in Sünden und verhalte mich unmöglich. Ich bitte dich daher einfach darum: Nimm mich beim Wort, denn ich erkläre dir heute, dass ich ganz dir gehören möchte und du mit mir machen kannst, was du willst – obwohl bereits jetzt meine Gefühle verwirrt sind, ich schon als Angsthase vor dir stehe und erzittere beim Gedanken, was du mit mir so alles vorhaben könntest. Danke, dass ich dir nichts vorzumachen brauche. Herr, bitte, nimm mich einfach jetzt beim Wort...”

Und Gott hat ihn beim Wort genommen, viele Menschen durch ihn zum Heil geführt und – trotz Versagen und manchem Ungehorsam – einen “Menschen nach Seinem Herzen” aus ihm geformt.

Wenn Gott einmal Ihr freiwilliges Wort, Ihre Genehmigung hat, an Ihnen wirken und arbeiten zu dürfen, dann wird Er es auch tun!

Vor etlichen Jahren, am Anfang meines Christenlebens, hatte ich mindestens vier- bis fünfmal versucht mich zu "bekehren". Immer wieder wurde meine persönliche Entscheidung für Jesus Christus nach einiger Zeit durch verschiedene Zweifel in Frage gestellt. Immer wieder kam mir der Gedanke, dass ich "es vielleicht doch noch nicht richtig gemacht" habe, dass ich vielleicht doch noch nicht richtig "bekehrt", "entschieden" oder "wiedergeboren" sei – wie man auch den Akt der geistlichen Verbindung mit Gott und der persönlichen Neuwerdung nennen mag.
Bis mir eines Tages klar wurde, dass Gott mich beim Wort nimmt und mich auch nicht anlügt. So betete ich in dieser Sache willentlich "zum allerletzten Mal" zu Jesus Christus, setzte mein Vertrauen willentlich auf das, was Er für mich am Kreuz getan hat und lieferte Ihm willentlich mein Leben aus. Seither weiß ich, dass es Seine Liebe und Gnade ist, die mir in unverdienter Weise existenzielle Geborgenheit und Sicherheit gibt.

...und trotzdem keine Geborgenheit

Ich gehe im Folgenden nun davon aus, dass die Leserinnen und Leser dieses Buches die grundlegenden Aspekte verstanden und die ersten Leiter-Sprossen zu einem Leben voll innerer Ruhe und Geborgenheit erklommen haben. Die weiteren Stufen, die vielen Mühe machen, sollen nun aber ebenfalls umfassend behandelt werden. Denn an diesem Punkt bleiben zahlreiche Christen stehen. Die Grundlage ist zwar klar, die weitere Entwicklung jedoch wurde eingestellt, weil man einem falschen Denken anheim gefallen ist.

Ihre inneren Kämpfe und Sehnsüchte kann ich gut verstehen und nachvollziehen. Gestatten Sie mir daher bitte, dass wir in den folgenden vertiefenden Kapiteln in der persönlicheren du-Form miteinander "kommunizieren" – dass ich mit Ihnen als wirklicher "Glaubens-Bruder" sprechen darf. Danke.

Also angenommen, du bist Christ, bist dir bewusst, dass du ein Kind Gottes bist, weil du dich für Jesus Christus entschieden und Seine Vergebung in Anspruch genommen hast und trotzdem merkst du – wie der zu Beginn des ersten Kapitels erwähnte Christ – dass du dich nicht geborgen weißt.

Vielleicht hast du sogar Zweifel daran, einmal das ewige Heil zu erleben. Du bist dir nicht mehr so sicher, bist unzufrieden und weißt nicht recht, woher diese heimliche Problematik kommt, die man oft auch verdrängt und von sich schiebt.

Vermutlich ist die Hauptursache deines Problems das Prinzip, das Paulus so nachhaltig kritisiert und entlarvt:

"Im Geiste habt ihr angefangen und wollt nun im Fleische vollenden" (Gal. 3,3)

Sehr eindrücklich beendet Paulus seine Briefe oft mit:
"Die Gnade unsres Herrn Jesus Christus sei mit eurem Geist, ihr Brüder!" (Gal. 6,18);

"Die Gnade des Herrn Jesus Christus sei mit euch!" (1. Kor. 16,23);

"Die Gnade sei mit allen, die unsren Herrn Jesus Christus lieb haben" (Eph. 6,24);

"Die Gnade unsres Herrn Jesus Christus sei mit eurem Geiste!" (Phil. 4,23);

"Die Gnade sei mit euch!" (Kol. 4,18)

Und auch Petrus wiederholt:
"Gnade und Friede widerfahre euch mehr und mehr!" (1. Petr. 1,2);

"Wachset dagegen in der Gnade und Erkenntnis unsres Herrn und Retters Jesus Christus!" (2. Petr. 3,18)

Ein zentraler Punkt im Christenleben ist also das Leben und Wachsen in der Gnade. Deshalb müssen wir uns damit beschäftigen:

Begnadigung auf Bewährung oder vollkommene Gnade?

Der Begriff der Gnade wird uns im Wort "Begnadigung" wohl etwas verständlicher. Gnade oder Begnadigung bedeutet "unverdiente Liebe". Gnade oder Begnadigung kann man sich daher nicht verdienen, nicht erarbeiten, nicht aus eigener Kraft erreichen, sondern Gnade ist ein unverdientes Geschenk. So ist auch die Errettung und Vergebung von Gottes Seite aus ein unverdientes Geschenk an uns. *"So gibt es nun keine Verdammnis mehr für die, welche in Christus Jesus sind"* (Röm. 8,1), d.h. mit anderen Worten: In Christus sind wir begnadigt, in ihm haben wir ein vollkommenes, unverdientes Liebesgeschenk erhalten, das wir uns nie hätten verdienen können – aber auch nicht nachträglich verdienen können!

Vollkommene Gnade bedeutet für uns also, dass wir das ewige Leben als Geschenk erhalten haben, und zwar in unverdienter, unverlierbarer und unzerbrechlicher Weise.

In der Welt kennen wir aber eher eine andere Art von Begnadigung: eine Art "Begnadigung auf Bewährung" oder "aufgrund guter Führung"! Bildlich gesprochen heißt dies: Ein Verbrecher wird "begnadigt", also aus dem Kerker entlassen unter gewissen Bedingungen, die er zu erfüllen hat. "Auf Bewährung" entlassen bedeutet auch, dass sich der Betreffende jede Woche bei seinem

Bewährungshelfer melden, einer geregelten Arbeit nachgehen und verschiedene Orte und Handlungen meiden muss. Wehe aber, er wird mit einer Waffe, mit Rauschgift oder unter Alkoholeinfluss angetroffen; sofort muss er zurück ins Gefängnis, denn er hat seine "Freilassung auf Bewährung" verscherzt.
Viele Christen verstehen nun unter der Gnade/Begnadigung Gottes diese Art von Freilassung; eine Begnadigung auf Bewährung. Wenn sie sich nicht bewähren, so meinen sie, verlieren sie das Gnadengeschenk und landen – bildlich gesprochen – wieder im Gefängnis.

Diese Auffassung von Gnade ist aber völlig falsch und die Hauptursache dafür, dass ein Christ Mangel an Geborgenheit hat, denn wer kann sich schon geborgen fühlen, wenn über ihm stets das Damoklesschwert der verscherzten Bewährung schwebt?!

Wir wollen nun die vollkommene Gnade (eine Begnadigung ohne Bewährung, eine wirkliche Freilassung ohne Bedingungen) vom Worte Gottes her betrachten, die biblische Lehre diesbezüglich verstehen lernen und uns dann mit einigen seelsorglichen, praktischen Auswirkungen beschäftigen.

Kapitel 4

Unser Erbe: das ewige Leben

Die Bibel unterscheidet zwischen dem Erbe der Kinder Gottes und dem Lohn für deren Wirken. Das muss man deutlich auseinanderhalten. Das Erbe ist gleichsam das Gnadengeschenk Gottes, das ewige Leben, die ewige Errettung, die mir Gott in unverdienter Weise geschenkt hat. Mit dem Lohn beschäftigen wir uns später.

Zuerst wollen wir wieder festhalten, dass nur echte Kinder ein Erbe antreten können:
In einer prächtigen Villa lebt ein weißhaariger, alter Mann. Man zählt ihn zu den reichsten Männern des Landes. Doch er weiß, dass er bald von dieser Welt scheiden muss. Er ist Witwer und hat zwei Kinder, die er von Herzen liebt. Trotzdem wird er in letzter Zeit ständig von "Erbschleichern" heimgesucht. Da kommt eine Dame, die ihm ihre Liebe beteuert – mit gierigem Blick auf die teuren Gemälde an seinen Wänden. Ein junger Mann, der ihn von seinen weltverbessernden, schwärmerischen Ideen überzeugen will, spricht vor. Ferner unzählige nahe und ferne Verwandte. Sogar der Gärtner pflegt mit übertriebenem Eifer den Garten - um bei der Erbschaft auch etwas abzubekommen. "0h ihr Toren", denkt der Mann, "erben wird niemand von euch, erben werden nur meine geliebten Kinder!"

Nur Kinder werden erben!

"... sondern ihr habt einen Geist der Kindschaft empfangen, in welchem wir rufen: Abba, Vater! Dieser Geist gibt Zeugnis unserem Geist, dass wir Gottes Kinder sind. Sind wir aber Kinder, so sind wir auch Erben, nämlich Gottes Erben und Miterben Christi" (Röm. 8,15-17)

Welch ein Geschenk! Ein Kind Gottes darf auch Erbe sein! Doch was erhält der Christ als göttliches Erbgeschenk? - das ewige Leben!

Gewissheit des ewigen Lebens

Dieses ewige Leben in der Gemeinschaft mit Gott ist ein Geschenk, ein Erbteil, dessen wir uns jetzt schon absolut sicher sein dürfen:

"Denn der Tod ist der Sünde Sold; aber die Gnadengabe Gottes ist das ewige Leben in Christus Jesus, unserem Herrn." (Röm. 6,23)

"Denn durch die Gnade seid ihr gerettet, vermittels des Glaubens, und das nicht aus euch, Gottes Gabe ist es; nicht aus Werken, damit niemand sich rühme!" (Eph. 2,8)

"Dein Glaube hat dich gerettet, gehe hin in Frieden." (Luk. 7,50)

" Wer an den Sohn glaubt, der ***hat*** *ewiges Leben..."* (Joh. 3,36)

"... auf dass jeder, der an ihn glaubt, nicht verloren gehe, sondern ewiges Leben ***habe****."* (Joh. 3,15)

Joh. 3,16 wiederholt diese Aussage und weist auf den Ursprung hin, die Liebe Gottes.

"Wahrlich, wahrlich, wer mein Wort hört und dem glaubt, der mich gesandt hat, der ***hat*** *ewiges Leben und kommt*

nicht ins Gericht, sondern er ist vom Tode zum Leben hindurchgedrungen." (Joh. 5,24)

"Wahrlich, wahrlich, ich sage euch, wer an mich glaubt, ***hat*** *ewiges Leben."* (Joh. 6,4+7)

"Solches habe ich euch geschrieben, damit ihr wisset, dass ihr ewiges Leben ***habt****, die ihr an den Namen des Sohnes Gottes glaubt."* (1. Joh. 5,13)

"Gehört ihr aber Christus an, so seid ihr Abrahams Same und nach der Verheißung Erben." (Gal. 3,29)

"... damit wir, durch seine Gnade gerechtfertigt, der Hoffnung gemäß Erben des ewigen Lebens würden." (Tit. 3,7)

Eine wichtige Frage: Bleibt nun dieses Geschenk, dieses Erbe erhalten, oder kann man es wieder verlieren? Kann also ein Kind Gottes irgendwie das ewige Leben wieder verlieren und statt dessen in ewige Verdammnis kommen?

Ist das Gnadengeschenk Gottes unverlierbar, vollkommen und unverdient? Oder handelt es sich nur um eine Begnadigung auf Bewährung, eine Gnade, die verloren gehen kann, der ich meine Treue und Standhaftigkeit hinzusetzen muss, da sie sonst zerbricht?

Bei dieser Fragestellung geht es mir nicht um eine "theologische Diskussion". Ich bin mir bewusst, dass viele ernsthafte, liebenswürdige und von mir sehr geschätzte und geachtete Christen, bei dieser Frage eine andere

Stellung einnehmen. Das möge uns nicht entzweien. Ich möchte hier jedoch aufzeigen, wie tiefgehend unser Thema der inneren Ruhe und Geborgenheit mit der Beantwortung dieser Fragen zusammenhängt. Denn wie soll ich "tiefste Geborgenheit in Gott" erleben können, wenn tief in meinem Herzen eine Unsicherheit oder gar eine Angst schwellt oder auch nur ein Gedanke existiert, dass ich eventuell doch wieder das ewige Leben mit Jesus Christus verlieren könnte!?

Die Unverlierbarkeit des ewigen Heils

Daher zuerst drei Fakten, die uns bezeugen, dass wir dieses Erbe bis zur Einlösung – bis zum Tag "der Erlösung" (nämlich der vollständigen Erlösung auch des Leibes) behalten werden. Diese drei Fakten kann man mit drei Säulen vergleichen, auf denen unsere Gewissheit, dass ein wirkliches Kind Gottes nie mehr verloren gehen kann, ruhen darf:

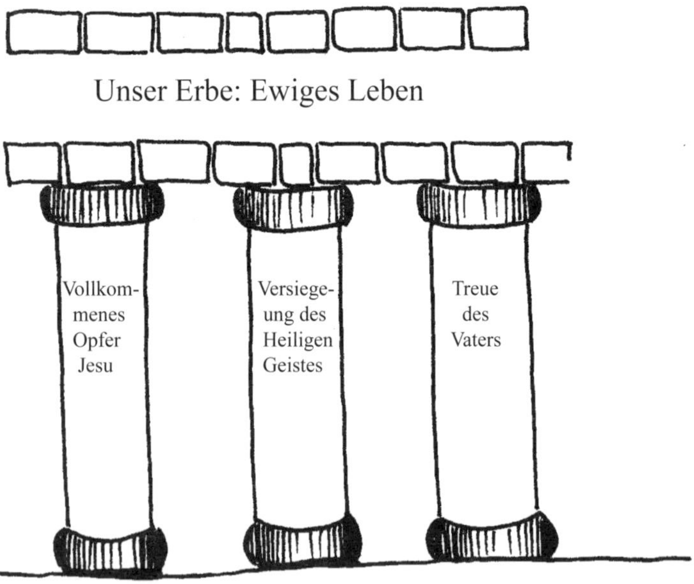

1. Zeugnis aufgrund der Heilstatsachen des Todes und der Auferstehung Jesu Christi

"... dankbar dem Vater, der uns tüchtig gemacht hat zum Anteil am Erbe der Heiligen im Licht, welcher uns errettet hat aus der Gewalt der Finsternis und versetzt in das Reich des Sohnes seiner Liebe, in welchem wir die Erlösung haben durch sein Blut, die Vergebung der Sünden." (Kol. 1,12-14)

"Denn mit einem einzigen Opfer hat er die, welche geheiligt werden, für immer vollendet." (Hebr. 10,14)

"Gelobt sei der Gott und Vater unseres Herrn Jesus Christus, der uns nach seiner großen Barmherzigkeit wiedergeboren hat zu einer lebendigen Hoffnung, ***durch die Auferstehung*** *Jesu Christi von den Toten, zu einem* ***unvergänglichen und unbefleckten und unverwelklichen Erbe****, das im Himmel aufbehalten wird für euch..."* (1. Petr 1,3+4)

"... Jesus Christus, welcher euch auch bis ans Ende befestigen wird, so dass ihr unverklagbar seid am Tage unseres Herrn Jesus Christus." (1. Kor 1,8)

"Die Mittlerrolle unseres Herrn bleibt beständig wirksam. Wäre es z.B. denkbar, dass Gott die Absicht hätte, einen Menschen ewig zu bewahren, dass aber die Bedingungen für eine diesbezügliche Sicherheit nicht ausreichten? Nein: Wir sind gerettet durch das Blut Jesu Christi. Die Auferstehung Jesu bezeugt, dass sein Opfer vom Vater angenommen wurde (Röm. 1,4; 4,25). Aber ist sein Werk auch beständig wirksam? Paulus führt dazu aus: *'Gott aber erweist seine Liebe gegen uns darin, dass Christus für uns gestorben ist, als wir noch Sünder waren. Um wie viel mehr werden wir durch ihn bewahrt werden vor dem Zorn, nachdem wir jetzt durch sein Blut gerecht geworden sind. Denn wenn wir mit Gott versöhnt sind durch den Tod seines Sohnes, als wir noch Feinde waren, um wie viel mehr werden wir selig werden durch sein Leben, nachdem wir nun versöhnt sind.'* (Röm. 5,8-10) Während sein vollbrachtes, vergangenes Werk in erster Linie unsere Rettung bewirkte, dient sein ständiges, gegenwärtiges Werk dazu, uns im erretteten Zustand zu erhalten. Der Verfasser des Hebräerbriefes sagt: *'Daher kann er auch auf ewig selig machen, die durch ihn zu Gott kommen, denn er lebt immerdar und bittet für sie.'* (Hebr. 7,25) In Johannes 17 betete Jesus unter anderem, dass der Vater alle an ihn Glaubenden bewahren möge, damit sie den Segen ewiger Gemeinschaft mit ihm erfahren. Dieses Gebet Jesu wird gewiss nicht unbeantwortet bleiben. Denn Christus befindet sich ununterbrochen zur Rechten Gottes, um sich für uns zu verwenden (Röm. 8,34)." (aus "Bibel und Gemeinde")

2. Zeugnis aufgrund der Versiegelung mit dem Heiligen Geist

"Dieser Geist gibt Zeugnis unserem Geist, dass wir Gottes Kinder sind. Sind wir aber Kinder, so sind wir auch Erben, nämlich Gottes Erben und Miterben Christi." (Röm. 8,16+17)
"In ihm seid auch ihr, als ihr glaubtet, versiegelt worden mit dem Heiligen Geiste der Verheißung, welcher

das Pfand (Angeld) unseres Erbes ist bis zur Erlösung des Eigentums, zum Preise seiner Herrlichkeit." (Eph. 1,13+14)

Dazu eine kleine Illustration: Mit meiner Familie lebte ich viele Jahre lang in der Nähe des Bodensees. Im Sommer mieteten wir uns manchmal – zur besonderen Freude unserer Kinder – ein Tretboot oder gar ein Motorboot, um vom Wasser aus die herrliche Gegend zu genießen. Wenn wir uns jedoch solch ein Boot für eine kleine Ausflugsfahrt auf dem Bodensee leihen wollten, mussten wir ein Pfand hinterlegen, wie etwa den Pass oder einen Geldbetrag. Dieses Pfand wurde erst bei Abgabe des Bootes wieder eingelöst. Das Pfand diente dem Besitzer des Bootes als Beweis und Sicherheit, dass sein Boot wieder zurückgebracht würde.

Solch ein Pfand hat uns Gott im Heiligen Geist gegeben: Das Pfand unseres Erbes, welches das ewige Leben ist. – *" Und betrübt nicht den Heiligen Geist Gottes, mit welchem ihr versiegelt worden seid auf den Tag der Erlösung."* (Eph. 4,30)

3. Zeugnis aufgrund der Kraft und Treue Gottes

*"Denn ich weiß, wem ich mein Vertrauen geschenkt habe, und ich bin überzeugt, **dass er mächtig ist**, das mir anvertraute Gut **zu verwahren** bis auf jenen Tag."* (2. Tim. 1.12)

*"... und weil ich davon überzeugt bin, dass der, welcher in euch ein gutes Werk **angefangen hat**, es auch **vollenden wird** bis auf den Tag Jesu Christi."* (Phil.1, 6)

"Denn Gottes Gnadengaben und Berufung sind unwiderruflich." (Röm. 11,29)

"Gott ist nicht ein Mensch, dass er lüge, noch ein Menschenkind, dass ihn etwas gereue." (4. Mose 23,19)

Gott wird es nie gereuen, dass er dir (wenn es auf dich zutrifft) das Erbe des ewigen Lebens aus Gnade geschenkt hat.

Die Gnade Gottes kann man sich daher nicht durch Werke verdienen noch durch Werke befestigen!

Ewiges Leben bekommen wir ausschließlich durch die unverdiente Liebe Gottes, nicht durch Gottes Gnade und unsere Treue in der Nachfolge. Sonst könnten wir ja unseren Beitrag zum Empfang des ewigen Lebens am Tage der Erlösung ausweisen.

Morris bemerkt dazu: "Es gehört zu den kostbarsten Wahrheiten des christlichen Glaubens, dass der bleibende Besitz des ewigen Lebens nicht von unserem schwachen Festhalten an Christus abhängt, sondern davon, dass er uns fest umklammert hält."

Was geschieht aber, wenn ein Christ sündigt?

"Wenn wir aber unsere Sünden bekennen, so ist er treu und gerecht, dass er uns die Sünden vergibt und uns reinigt von aller Ungerechtigkeit." (1. Joh. 1,9)

*"Vom Herrn werden die Schritte des Mannes bestätigt, wenn ihm sein Weg gefällt. Fällt er, so wird **er nicht weggeworfen**; denn **der Herr** stützt seine Hand."* (Psalm 37,23-24)

Doch was geschieht, wenn ein Christ wieder sündigt? Wie ist es bei großer Versuchung? Bei Gehirnwäsche? Bei Folterungen? Gibt es etwas, was uns vom Herrn völlig abtrennen kann und somit von dem ewigen Erbe?

"Wer will uns scheiden von der Liebe Christi? Trübsal oder Angst oder Verfolgung oder Hunger oder Blöße oder Gefahr oder Schwert? Denn ich bin überzeugt, dass weder Tod noch Leben, weder Engel noch Fürstentümer noch Gewalten, weder Gegenwärtiges noch Zukünftiges, weder Hohes noch Tiefes, noch irgend ein anderes Geschöpf uns zu scheiden vermag von der Liebe Gottes, die in Christus Jesus ist, unserem Herrn!" (Röm. 8,35-39)

Paulus fragt, ob es etwas geben kann, das uns von der Liebe Christi scheiden könne. Wenn Gott sagt: *"weder Tod noch Leben"*, ist alles einbezogen, was überhaupt einen Einfluss ausüben kann. Auch in der Welt der Geister gibt es keine Macht: *“weder Engel noch Fürstentümer”, “weder Gegenwärtiges noch Zukünftiges.”*

Kann man sich irgendein Ereignis oder eine Erfahrung vorstellen, die nicht unter den Begriff *“Gegenwärtiges oder Zukünftiges”* fällt? Auch diese können uns nicht von der Liebe Gottes scheiden. Diese Verse zeigen, dass der Gläubige in den Händen Gottes auf ewig geborgen ist.

“Gegen diese Feststellung könnte man einwenden: ‘Es ist wahr, das alles kann uns nicht von der Liebe Gottes scheiden, aber nur solange, wie wir glauben. Unglaube in uns bewirkt doch Scheidung von der Liebe Gottes!’ Gehört der Unglaube nicht zu dem ‘weder Tod noch Leben’? Wenn es nicht zum ‘Tod’ gehört, dann doch sicher zum ‘Leben’! Offenbart sich der Unglaube nicht in diesem Leben? Gehört der Unglaube nicht auch zum ‘Gegenwärtigen oder Zukünftigen’? Er tritt doch in der Gegenwart auf! Dieser Einwand ist damit doch wohl entkräftet.” (J.G. Fijnvandraat)

“Und ich gebe ihnen ewiges Leben, und sie werden in Ewigkeit nicht umkommen, und niemand wird sie aus meiner Hand reißen. Mein Vater, der sie mir gegeben hat, ist größer als alle, und niemand kann sie aus meines Vaters Hand reißen. Ich und der Vater sind eins.” (Joh. 10, 28-30)

Nichts, aber auch gar nichts kann einen Christen aus der Hand seines himmlischen Vaters reißen.
Welch eine herrliche Zusage! “Aber”, lautet vielleicht

ein anderer Einwand, "wenn ich selbst aus des Vaters Hand steige? Was dann?" Dieses "selbst" ist an sich paradox, denn ein Gotteskind würde nie von sich aus seinen himmlischen Vater verlassen wollen. Wenn ein Gotteskind "selbst" aus des Vaters Hand steigen wollte, wenn es sagen würde, es wolle kein ewiges Leben mehr haben, sondern ewiges Getrenntsein von Gott, dann wäre dies die Folge einer sehr schweren Versuchung und Anfechtung, ein gewaltiger Angriff des Feindes auf den Geist des Gotteskindes, und auch hier gilt: *"**niemand** kann sie aus meiner Hand reißen."*

Darüber hinaus zeigt uns auch die Stellung des Christen die Unmöglichkeit eines ‚Verlorengehens': *"Aus Gnaden seid ihr gerettet ... und hat uns mitauferweckt und mitversetzt in die himmlischen Regionen in Christus Jesus."* (Eph. 2,5+6)

Wir dürfen - geistlich gesehen - bereits jetzt, auf der Grundlage des vollkommenen Werkes Jesu Christi, in ihm ruhen, "mitversetzt" in die himmlischen Bereiche, wo der Sieg Jesu bereits uneingeschränkt gegenwärtig ist. Deshalb sind wir nicht mehr "von dieser Welt", sondern nur noch "in dieser Welt". Wir gehören bereits zum himmlischen Reich, gehören unwiderruflich zum wunderbaren Leib Jesu. *"Denn ihr seid gestorben, und euer Leben ist verborgen mit Christus in Gott."* (Kol. 3,3)

Wenn wir also auch in der Frage, ob wir ewig und unverlierbar gerettet sind, unser Vertrauen allein auf das vollbrachte Werk Jesu setzen, werden Treue, Heiligung und Hingabe eine Frucht davon sein, – aber keine Voraussetzung!

Dieses Vertrauen ist kein Freibrief zum Sündigen. Genauso wenig wie der Christ "A", der erkennt, dass Gott ihm tatsächlich vergibt, wenn er ihm (gemäß 1. Joh.1,9) seine Sünden bekennt, nun frisch drauflossündigen wird, genauso wenig wird der Christ "B", der erkannt hat, dass er unverlierbar das Erbe des ewigen Lebens erhalten hat, in der Nachfolge bewusst nachlässig werden.

Wie der Christ "A" aus Dankbarkeit und Liebe nun die Sünde meiden will, so wird auch der Christ "B" aus Dankbarkeit und Liebe Jesus noch hingegebener nachfolgen wollen.

Widerspricht die Lehre der ewigen Errettung nicht dem "freien Willen"? Ein Christ hat ja dann tatsächlich keine Möglichkeit mehr, verloren zu gehen.

Nun, auch in anderen Lebensbereichen kommt es vor, dass die Möglichkeit einer Wahl einmal vorbei ist. Wer sich z.B. gegen das Leben entscheidet, der wird sich umbringen und wählt somit in einmaliger Weise den Tod - und diese Entscheidung wird er nicht mehr rückgängig machen können. So haben wir auch keine Entscheidungsfreiheit, wessen Kind wir werden wollen – wir können uns unsere Eltern, unser Geschlecht, unser Temperament nicht aussuchen. Wenn sich ein Mensch der Liebe Jesu anvertraut und sich zu Christus bekehrt hat, wird er ein Kind Gottes, ein Glied am Leibe Jesu – da gibt es nichts mehr daran zu rütteln. Diese Entscheidung ist gefallen und kann nicht mehr rückgängig gemacht werden.

Es wird aber auch nur solch ein Mensch ein echtes Kind Gottes, der die Liebe Jesu erkannt und sich ihr ausgeliefert hat. Und ein solcher Mensch wird diese Entscheidung nie aus ehrlichem Herzen rückgängig machen wollen.

Anders sieht es hier natürlich wieder bei Scheinchristen aus, die sich z.B. aus Angst vor der Hölle bekehrt haben. Diese Leute kommen tatsächlich in Situationen, in denen sie ihre Entscheidung für Jesus rückgängig machen wollen!

"... für immer vollendet!"

Müsste unsere Treue, unsere Ausdauer, unsere Anstrengung, Standhaftigkeit, Hingabe usw. zur Sicherheit des ewigen Lebens beitragen, so könnten wir ehrlicherweise sofort keine Heilsgewissheit mehr besitzen. Denn wer kann schon für sich selbst garantieren? Deshalb garantiert Gott selbst! – Und wir können sicher sein.

Müsste unsere Treue, Ausdauer, Anstrengung oder anderes zur Sicherheit ewigen Lebens beitragen, so wäre auch das Werk Jesu nicht vollkommen. Denn wenn etwas vollkommen ist, bedarf es keiner Ergänzung. Daher betont der Hebräerbrief ausdrücklich: *"Denn mit einem einzigen Opfer hat er die, welche geheiligt werden, für immer vollendet!"* (Hebr. 10,14)

"Der Schreiber des Hebräerbriefes stellt das einmalige Opfer Jesu Christi den sich immer wiederholenden Opfern im Zeitalter des Gesetzes gegenüber. Ein Israelit konnte nicht behaupten, dass durch ein einziges Opfer die Sache zwischen ihm und Gott für immer geordnet und das Problem der Sünde aus dem Weg geräumt worden sei (Hebr. 10,2). Die Priester in Israel kamen daher auch nicht zur Ruhe. Sie saßen nicht, sondern standen immer zum Dienst bereit (Vers 11). Für den Gläubigen des Zeitalters der Gnade gilt jedoch:
'Durch welchen Willen (Gottes Willen nämlich) wir geheiligt sind durch das ein für allemal geschehene Opfer

des Leibes Jesu Christi.' (Hebr. 10,10) Von Jesus Christus wird bezeugt, dass er sich zur Rechten Gottes gesetzt hat. Aufgrund dieses einmaligen und vollkommenen Opfers sind die Gläubigen, die geheiligt werden, für immer vollkommen gemacht. Wie lange sind sie vollkommen gemacht? Solange sie glauben? Nein, für immer vollkommen gemacht! Wenn jemand lehrt, dass die Heiligen wieder abfallen können mit der Konsequenz, dass sie sich jedes Mal wieder neu von einem Sünder zu einem Kind Gottes bekehren müssen - degradiert er damit das Opfer Jesu Christi zu dem Opfer von Stieren und Böcken. Das beabsichtigt man natürlich nicht, aber das ist die Konsequenz aus dieser Lehre." (J.G. Fijnvandraat)

Deshalb freue dich als Christ an deiner ewigen Errettung, die dir Jesus Christus als Erbteil geschenkt hat, vertrau allein auf Ihn und sei dankbar dafür!

Allein aus Gnade!

In der gewaltigen Bergpredigt sagt Jesus Christus in Matth. 5,17: *"Meint nicht, dass ich gekommen sei, das Gesetz oder die Propheten aufzulösen. Ich bin nicht gekommen, aufzulösen, sondern zu erfüllen."*

"Erfüllt" heißt: Christus hat uns das Joch des Gesetzes abgenommen. Ein Mensch, der das begriffen hat, weiß, dass er aus einem dunklen Gefängnis befreit ist. "Unter dem Gesetz leben" heißt: in der Dunkelheit nach dem Lichtschalter tappen, ohne ihn jemals zu finden. "Vom Joch des Gesetzes befreit sein" heißt, dass ich den Lichtschalter gefunden habe und das Licht brennt. Gott will nicht, dass wir uns im Kampf um das ewige Leben "zu Tode schuften". Er will also nicht unsere "kalten Werke", auch wenn wir uns noch so einbilden, sie seien wertvoll und wichtig. Gott will nicht unsere unpersönlichen Leistungen – sondern Er will uns selbst, unser Herz.

Wie abstoßend ist es doch, wenn eine Krankenschwester ohne innere Anteilnahme, ohne Herz, einen Patienten pflegt - aus reiner Pflichterfüllung und nur um vor Gott besser dazustehen. Wie tragisch und irregeleitet sind unsere ständigen Versuche, so zu leben, als habe Jesus Christus nicht genug getan, als würde das Entscheidende immer noch an uns liegen!

Wir müssen Eph. 2,8 und Röm. 3,28 verstehen, sonst gehen wir in die Irre: *"Denn durch die Gnade seid ihr gerettet, vermittels des Glaubens, und das nicht aus euch, Gottes Gabe ist es; nicht aus Werken, damit niemand sich rühme. " "So kommen wir zu dem Schluss, dass der Mensch durch den Glauben gerechtfertigt werde, ohne Gesetzeswerke."*

Schauen wir ans Kreuz, als Jesus ausrief. *"Es ist vollbracht!"* Dieses Wort genügt, um alle Religionen aus den Angeln zu heben. Dieses Wort ist ein Donnerschlag gegen all unsere menschliche Gerechtigkeit. Da zerbröckeln unsere eigenen Werke und Leistungen. In Christus ist das Gesetz erfüllt. Was vollendet ist, brauchen wir weder zu verbessern noch zu ergänzen.

Wer an Jesus Christus glaubt, ist von Gott angenommen. Dieses Angenommensein (Errettetsein) hängt nicht davon ab, ob wir etwas fühlen oder tun, sondern einzig und allein von dem, was Christus am Kreuz getan hat – und das ist vollendet! Wir müssen nicht zuerst eine gewisse Lebensqualität erreicht haben, um unserer Errettung gewiss zu sein. Wir können heute Gewissheit haben! Wer an Jesus Christus glaubt, ist errettet.

Vielleicht sagst du jetzt: "Ich fühle mich so unvollkommen." Sicher trifft dies zu. Aber Gott sieht nicht deine Unvollkommenheit, weil sie nämlich mit der Gerechtigkeit Christi zugedeckt ist! Natürlich sieht Gott, wie und wer wir sind; nämlich nicht so, wie wir sein sollten. Gott interessiert sich nicht für das, was wir in frommen Schaustellungen und Eigenproduktionen schaffen, sondern für das, was wir in Jesus Christus sind.

Wer Jesus Christus im Glauben annimmt, ist Kind Gottes. Kinder Gottes sind nicht mehr unpersönliche "Lohnempfänger", die für ihre Leistungen ausbezahlt werden. Kinder Gottes sitzen am Tisch des himmlischen Vaters, und alles, was sie tun, das tun sie als Teilhaber, von ganzem Herzen, als Interessierte.

Gott will nicht weniger als unsere Liebe. Er will nicht eine berechnende, unpersönliche Tat, die einem Gesetz entspricht. Gott will nicht bloß, dass wir zu unseren Mitmenschen "sozial" eingestellt sind, sondern dass wir ihre Gesichter sehen, ihre Lasten mittragen, Gottes Frieden leben.

Wer begriffen hat, dass er durch den Glauben an Jesus Christus ewig und unverlierbar errettet ist, der kann über die Liebe Gottes nur staunen und sein ganzes Leben zur Ehre Gottes einsetzen. Wer "aus Gnade gerettet" schmälert und sein Heil letztlich von seiner eigenen Leistung, Treue und Tugendhaftigkeit abhängig macht, entzieht unmerklich einer wachsenden tiefen Geborgenheit in Gott die Entfaltungsmöglichkeit.

Dass uns die Tatsache, dass wir das "Angeld", das "Pfand" des ewigen Erbes bereits haben dürfen, sehr wohl ermutigen kann, zeigt uns auch Kol. 3 (mit dem oft missverstandenen Vers 24) auf. Dort geht es ja unter anderem darum, dass ein Christ ein "besserer" Sklave, ein "besserer" Arbeiter sein soll, auch in schwierigen Situationen. Dieses Durchhalten ist aber nicht sinnlos. Wir dürfen uns ja angesichts aller Not auf unser Erbe freuen, das wir einmal in vollem Umfange antreten werden! Das Erbe wird hier, in Kol. 3,24, nicht als "Belohnung" dargestellt ("weil ihr fromm wandelt, deshalb..."), sondern als Ausgleich, als Gegenstand freudiger Erwartung, auch in schwierigen Phasen des Christenlebens. Nach allem Leid und aller Trübsal dürfen wir das Pfand einlösen und das Erbe in vollem Umfang – also auch in Form der “Erlösung des Leibes” – antreten.

Ewiges Leben bekommt der Christ also allein aufgrund des Verdienstes Jesu - allein aus Gnade – ohne Zusatz, ohne “Kreuz plus ...”

Manches Glaubenshindernis ist schon durch ein solches “Kreuz plus...” entstanden! Denn ein “Kreuz plus...” greift letztlich die Vollkommenheit des Opfers Jesu an und damit die Grundlage tiefster Geborgenheit in Gott.

Ewiges Leben erhalten wir also nicht durch “Kreuz plus gute Werke”, wie Vertreter der Werksgerechtigkeit postulieren; nicht durch “Kreuz plus Strafgericht”, wie manchmal gelehrt wird; nicht durch “Kreuz plus Wachtturmgesellschaft”, wie die Zeugen Jehovas sagen; auch nicht durch “Kreuz plus Standhaftigkeit”, “Kreuz plus eigene Treue”, “Kreuz plus Überwindertum”, “Kreuz plus Festhalten an der Berufung” oder “Kreuz plus Heiligungsleben” u.ä. Nein, allein aus Gnade aufgrund der Vollkommenheit des Opfers Jesu.

Worauf vertraue ich?

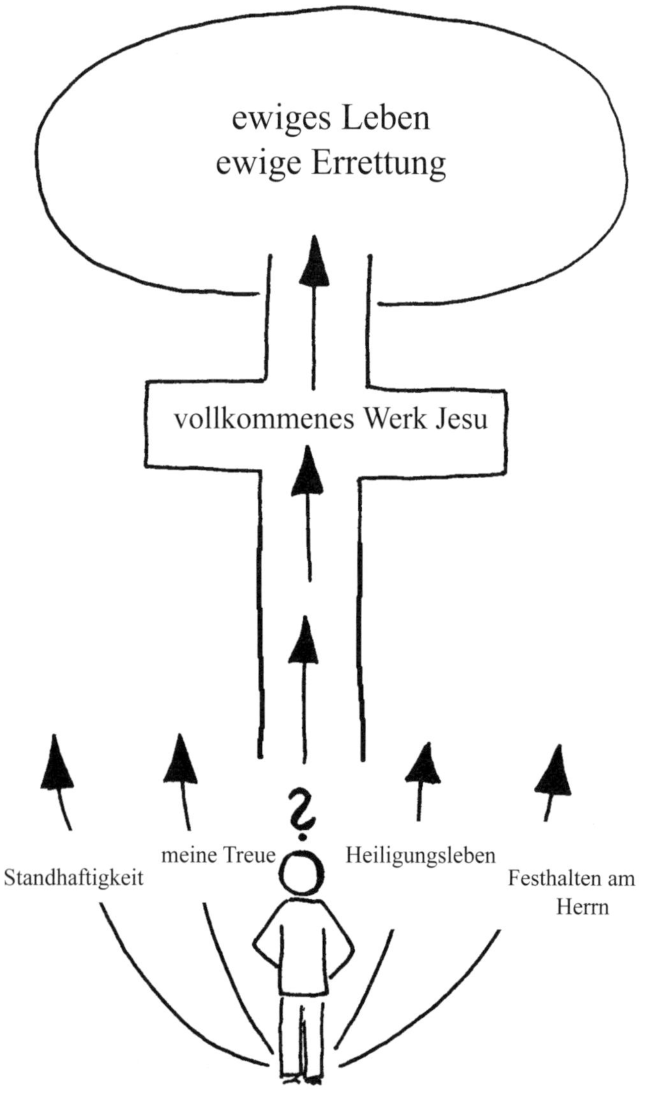

Heilssicherheit - Heilsgewissheit

In dem Augenblick, in dem ich keine “Heilssicherheit” mehr habe (“Vielleicht kann ich doch noch verloren gehen?!”), kann ich ehrlicherweise auch keine “Heilsgewissheit” mehr haben (“Ich weiß wirklich nicht, ob ich nicht einmal Kompromisse eingehe, Sünde toleriere usw., ich kann für mich doch nicht die Hand ins Feuer legen!”).

In jenem Augenblick aber, in dem ich “Heilssicherheit” habe (“Das ewige Leben ist mir unverlierbar gegeben”), kann ich auch “Heilsgewissheit” haben (“Es hängt ja nicht von mir ab, sondern von ihm”).

“Versagen” heißt nicht, in “billiger Gnade” leben

Ein Mensch, der sagt: “Ich kann machen, was ich will, ich bin und bleibe ja gerettet”, der beweist, dass er die Gnade Gottes noch nicht verstanden und meines Erachtens daher auch noch keine Wiedergeburt erlebt hat. Er kann dabei noch so religiös sein! Gott sieht das Herz an! Und deshalb kennt Gott auch das Herz seiner Kinder, auch derer, die schwer versagen (und oft verzagen).

Wir selbst, mit unseren menschlichen Augen, können in manchen Fällen überhaupt nicht beurteilen, ob nun ein Mensch wiedergeboren ist oder nicht. Doch eines steht fest: Das ewige Leben ist in Jesus Christus (l. Joh.

5,11)! Und: *"Wer den Sohn hat, der hat das Leben, wer den Sohn Gottes nicht hat, der hat das Leben nicht!"* (1. Joh. 5,12)
Den Seinen aber geht der Herr in großer Liebe und Barmherzigkeit nach, will sie aufrichten, auf den rechten Weg bringen, ermutigen und durch Seine Güte motivieren; will sie erkennen lassen, dass sie, "Gottes Güte zur Buße leitet" (Röm. 2,4) - und nicht "Angst vor Strafe" oder dergleichen!

Heinrich Kemner erzählt ein eindrückliches Beispiel eines Menschen, der auch als Kind Gottes sichtlich versagte und über dessen Leben trotzdem die Gnade Christi leuchtete - eine vollkommene, ermutigende Gnade; keine "billige".

Das war Hannes

Auf stetes Bitten einer gläubigen Frau aus Hamburg nahmen wir einen völlig verwahrlosten Mann, den Hannes, in unsere Rehabilitation auf. Er war ein Findelkind. Von seiner Pflegemutter hatte er nur die schlimmsten Dinge erlebt. Mit zwölf Jahren musste er Pornozeitschriften verkaufen. Mit achtzehn Jahren war er Zuhälter. Er verfiel dann völlig dem Alkohol und dem Sex. Als er körperlich fertig war und seinem trostlosen Leben ein Ende machen wollte, nahm sich diese Hamburgerin seiner an. So kam er zu uns. Sein Gesicht trug die Spuren der Vergangenheit. Erstaunlich war, wie er dann unter der Verkündigung erweckt wurde. Eines Tages kam er zu mir, um zu beichten. Seine Lebensbeichte hat mich tief bewegt und mir gezeigt, wie leicht wir pharisäische Maßstäbe anlegen, wenn wir solchen "Typen", wie wir sie bezeichnenderweise nennen, begegnen.

Hannes wurde nach der Bekehrung frei von allen Süchten, aber seine vom Alkohol verbrauchte Leber verlangte beständig medizinische Betreuung. Da passierte es, dass er plötzlich rückfällig wurde.

"Ich werde so lange hier des Nachts schlafen, bis Sie mich wieder aufnehmen", sagte er. Wer konnte da noch hart bleiben?

Wieder ging es eine ganze Weile gut, bis Manöversoldaten in unserm Ort waren. Ein Holländer hatte ihn weich gemacht und zum Trinken animiert. Nach seinem Rausch kam er zu mir, warf sich auf den Boden, umklammerte meine Knie und bat um Vergebung. Als ich sein gelbes Gesicht sah, war mir die ärztliche Diagnose sofort klar. Ich antwortete: "Ich vergebe dir. Aber du musst sterben! Deshalb bring deine Sache bei Jesus in Ordnung!" Wir beteten noch zusammen, dann ging er in sein Zimmer. Dort nahm er ein großes Blatt Papier, malte einen Rahmen und schrieb auf das Blatt: *"Wer den Namen des Herrn anruft, wird errettet werden!"*

Auf dem Wege zum Arzt starb er. Wir fanden das Blatt auf seinem Tisch. Dieser Text, den wir im Alten wie im Neuen Testament finden (Joel 2,32; Apg. 2,21 und Röm. 10,13), wurde sein Begräbnisvers.

Kapitel 5

Der Lohn

Um die biblische Lehre vom Erbe im Gegensatz zum Lohn zu verdeutlichen und besser abzugrenzen, wollen wir uns nun noch mit den biblischen Aussagen über den Lohn beschäftigen.

Die Gewissheit des ewigen Erbteils dürfen wir jetzt schon haben, und dieses Erbe, dieses Geschenk (ewiges Leben) kann nicht mehr verloren gehen. Dagegen ist der "Lohn" eine Zugabe aufgrund unseres Fleißes und kann völlig verloren gehen. "Erbe" ist ein gänzlich unverdientes Geschenk aufgrund der Tat auf Golgatha und der Auferstehung: "Lohn" wird aufgrund unserer Werke, die wir im Willen Gottes tun.

Zum Geschenk des Erbes haben wir unseren Fleiß hinzuzufügen, was dann mit dem "Lohn" gesegnet wird.

"Nachdem seine göttliche Kraft uns alles, was zum Leben und zur Gottseligkeit dient, geschenkt **hat** ... so setzet nun all euren Fleiß zu dem hinzu ..." *(2. Petr. 1,3+5)*

"Jeder aber, der sich am Wettlauf beteiligt, ist enthaltsam in allem; jene, um einen vergänglichen ***Kranz*** *zu empfangen, wir aber einen unvergänglichen."* (1. Kor. 9,25)

“Ich habe den guten Kampf gekämpft, den Lauf vollendet, den Glauben bewahrt; hinfort liegt für mich die **Krone der Gerechtigkeit** bereit, welche mir der Herr, der gerechte Richter, an jenem Tage zuerkennen wird ...” (2. Tim. 4,7+8)

*“Siehe, der Teufel wird etliche von euch ins Gefängnis werfen, damit ihr versucht werdet ... sei getreu bis in den Tod, so will ich dir die **Krone des Lebens** geben.”* (Offb. 2,10)

*“... denn nachdem er sich bewährt hat, wird er die **Krone des Lebens** empfangen, welche Gott denen verheißen hat, die ihn lieben!”* (Jak. 1,12)

*“Siehe, ich komme bald und mein **Lohn** mit mir, um einem jeglichen zu vergelten, wie sein **Werk** sein wird.”* (Offb. 22,12)

*“Denn wir alle müssen vor dem Richterstuhl Christi offenbar werden, damit ein jeglicher empfange, was er **vermittels des Leibes** gewirkt hat, es sei gut oder böse.”* (2. Kor. 5,10)

Ist dies nun ein Widerspruch zur Versicherung in Joh. 5,24? *“Wahrlich, wahrlich, ich sage euch, wer mein Wort hört und dem glaubt, der mich gesandt hat, der hat ewiges Leben und **kommt nicht ins Gericht**, sondern er ist vom Tode zum Leben hindurchgedrungen.”*

Nein! Darin liegt kein Widerspruch, denn es handelt sich um zwei verschiedene “Gerichtsverfahren”. Die Bibelstelle 2. Kor. 5,10 weist auf die Lohnfrage hin, die aufgrund unseres Wirkens geklärt wird. Joh. 5,24 bestätigt die Tatsache, dass ein Gotteskind nicht in jenes Gericht kommt, bei dem es um ewiges Leben oder ewige Verdammnis geht. Diese Frage ist beim Gotteskind ja bereits geklärt, da das ewige Leben, das göttliche Erbe nicht angetastet werden kann. Deshalb gibt es darüber auch keine Gerichtssitzung. Anders verhält es sich bei der Frage des Lohnes (des “Preisgerichts”):

“Jeder aber wird seinen eigenen Lohn empfangen nach seiner eigenen Arbeit ... wird aber jemandes Werk verbrennen, so wird er Schaden leiden, er selbst aber wird gerettet werden, doch so, wie durchs Feuer hindurch.” (l. Kor 3,8+15)

Was wir nicht in Abhängigkeit vom Herrn und nach Seinem Willen tun und wirken, wird fürchterlich verbrennen. Alles wird dahin sein, der gesamte Lohn. - Das Gotteskind selbst aber ist, gemäß der Erbschaftsfrage, gerettet, doch es steht nackt vor Gott, ohne Lohn - *gerettet, doch so, wie durchs Feuer hindurch.*

*“So werdet ihr, wenn der Oberhirt erscheint, den unverwelklichen **Ehrenkranz** davontragen.”* (l. Petr 5,4)

Was geschieht mit dem Lohn?

Was wird im Himmel mit diesem Lohn getan? Mit diesen Kränzen und Kronen? Mit dieser Frucht, zu der wir selbst unseren Teil beitrugen?

"... und werfen ihre Kronen vor dem Throne nieder und sprechen: Würdig bist du, unser Herr und Gott, zu empfangen den Ruhm und die Ehre und die Macht, denn du hast alle Dinge geschaffen, und durch deinen Willen sind sie und wurden sie geschaffen." (Offb. 4,10+11)

Unseren Lohn dürfen wir unserem herrlichen König Jesus Christus vor seinem Throne niederlegen und Ihn damit ehren, anbeten, verherrlichen und rühmen. Und wir werden Ihn preisen und sagen, dass wir ja ohne Ihn nichts hätten tun können (Joh. 15,5). Es wird ein wunderbarer Lohn, eine herrliche Freude sein, den König der Herrlichkeit mit den erhaltenen Kronen oder Kränzen preisen und anbeten zu dürfen! Diese Freude geht denen verloren, die keinen Lohn bekommen, weil ihre Werke verbrennen.

Dass wir das Erbe nicht verlieren können, soll uns zu ganzer Hingabe anspornen im Staunen und in Dankbarkeit gegenüber dem, was Christus für uns in vollkommener Weise getan und vollbracht hat.

Die Bibel warnt uns allerdings auch vor Kompromissen in der Nachfolge!

Gefahren beachten

Ein sündiger Wandel kann für ein Kind Gottes schwerwiegende Folgen haben: Es kann die Freude des Glaubens verlieren und sich sogar seiner ewigen Errettung nicht mehr sicher sein (obwohl es errettet bleibt). Für die ganze Zeit, in der es bewusst in Sünde lebt, verliert es den Lohn, mit dem es in der Ewigkeit Gott hätte anbeten und lobpreisen können. Das zeigt 1. Kor. 3,14+15 sehr deutlich.

Ein Christ kann also sämtlichen Lohnes verlustig gehen und mit beschämend leeren Händen vor den Herrn kommen. Wie furchtbar ist es, wenn der Feind wieder Macht über Kinder Gottes bekommt.

Die Bibel warnt davor: Christen können sich vom Feind gebrauchen lassen: *"Gebet auch nicht eure Glieder der Sünde hin, als Waffen der Ungerechtigkeit, sondern gebet euch selbst Gott hin."* (Röm. 6,13)

Sie können die empfangene Vergebung in Vergessenheit geraten lassen: *" Wer aber solches nicht hat, der ist blind, kurzsichtig und hat die Reinigung seiner ehemaligen Sünden vergessen."* (2. Petr. 1,9)

In Korinth passierte ein besonders schwerwiegender Sündenfall: Ein Christ kam soweit auf den Abweg, dass er schließlich mit seiner eigenen Stiefmutter Hurerei trieb. War er nun verloren? War er nur dann gerettet, wenn er öffentlich wieder Buße tat? Paulus brauchte bezüglich dieser Tatsachen nicht abzuwarten: *" Überhaupt hört man von Unzucht unter euch, und zwar von einer solchen*

Unzucht, die nicht einmal unter den Heiden vorkommt, dass nämlich einer seines Vaters Frau habe! ... im Namen unseres Herrn Jesus Christus ... beschlossen, den Betreffenden dem Satan zu übergeben zum Verderben des Fleisches, damit der ***Geist gerettet*** *werde am Tage des Herrn Jesus."* (1. Kor. 5,1ff.) Für Paulus stand es also außer Frage, dass dieser (wiedergeborene) Mensch gerettet blieb.

Christen ohne Frucht machen sich selbst zum Gespött: *"Ihr seid das Salz der Erde. Wenn aber das Salz fade wird, womit soll es wieder salzig gemacht werden? Es taugt zu nichts mehr, als dass es hinausgeworfen und von den Leuten zertreten werde."* (Matth. 5,13)

Durch Unnüchternheit kann ein Christ in die Schlinge Satans geraten: *"... ob ihnen Gott nicht noch Buße geben möchte zur Erkenntnis der Wahrheit und sie wieder nüchtern werden, aus der Schlinge des Teufels heraus, von welchem sie lebendig gefangen worden sind für seinen Willen."* (2. Tim. 2,25+26)

Lasst uns also – aus Dankbarkeit dafür, dass wir ein göttliches, ewiges Erbe unverlierbar geschenkt bekommen haben – unseren Fleiß dazusetzen, damit wir Frucht bringen und Lohn empfangen, durch den unser Herr und Meister geehrt werden kann.

Auch wünsche ich mir von ganzem Herzen, dass so manche Leser, die vom Weg der Nachfolge abgekommen sind, bedenken, ob sie nicht ihre tiefe Sehnsucht nach Geborgenheit und Sicherheit fehlbefriedigt haben oder einfach resignierten.

Ein sehr ernsthafter Christ berichtete mir einmal, dass er bereits von Kindheit an einer sehr bedrückenden religiösen Lehre aufgesessen sei, die eine Gnade in unvollkommenem Sinne verbreitete, eine Begnadigung auf Bewährung, so dass er extrem unter fehlender innerer Ruhe und Geborgenheit litt und immer mehr in ein ängstliches, depressives Leben hineinwuchs. Diese unvollkommene Gnade kann tatsächlich keine befriedigende Geborgenheit und Sicherheit bewirken und führt auch kaum zu den freien, ermutigenden Beweggründen der "Dankbarkeit und Liebe". Dagegen erzeugt sie Druck, Angst und Zwang, die auch nie einen klaren, ehrlichen Blick in das eigene verdorbene Herz und in die dunklen Abgründe der eigenen Seele erlaubt, weil man Angst davor hat, diese Teile der Persönlichkeit würden Gottes vollkommener Errettung und Erlösung im Wege stehen.

"Es ist vollbracht! " rief Jesus Christus am Kreuz von Golgatha aus – ohne Wenn und Aber, ohne Zusätze und menschliche Anmerkungen – halte daran fest!

Kapitel 6

Seelsorgliche Aspekte

Auch hier ist es mir sehr wichtig, keine biblisch-theologische Diskussion mit "Beispielen" führen zu wollen, sondern lediglich aufzuzeigen, wie bestimmte Menschen (mit ihrer persönlichen Disposition) unter den Auswirkungen fehlender Geborgenheit leiden können.

Es sind mir sogar zahlreiche Fälle von neurotischem Verhalten bekannt, das sich aufgrund einer sehr nachdrücklich verkündeten Lehre der Verlierbarkeit gebildet hatte (was natürlich nicht immer der Fall sein wird).

Ein Mann, der immer mehr in das Sich-Bemühen hineinkam (nicht, um errettet zu werden – das war er nämlich schon), sondern um diese Errettung zu erhalten, wies in der Folge eine deutliche Zwangsneurose auf: Er musste am Abend etliche Male nachschauen, ob er die Tür nun wirklich abgeschlossen hatte; er lief öfters in die Küche, um zu sehen, ob er den Wasserhahn tatsächlich abgedreht hatte usw. usw. Aufgrund des inneren Krampfes "ja nichts falsch zu machen" kam es zu einer neurotischen Entwicklung. (Selbstverständlich sind die Ursachen einer solchen Neurose oft auch völlig andere!)

Bei diesem Mann kam Befreiung aber erst dann, als er über das vollkommen vollbrachte Werk Jesu nur noch staunen konnte!

Viele mir bekannte Christen flohen auch vor der Tatsache, dass sie aufgrund ihrer eigentlichen inneren "fleischlichen" Natur grundsätzlich zu jeder Sünde fähig wären. Die Angst vor dem Verlorengehen führte dazu, dass sie diesen Teil ihrer Persönlichkeit verdrängten, bis es sogar zu Symptomen von Persönlichkeitsspaltung kam!

Oft werde ich auch gefragt, ob es beispielsweise im seelsorglichen Gespräch bei manchen Leuten nicht besser sei zu sagen, sie gingen verloren, wenn sie sich nicht "am Riemen reißen würden", als ihnen zu sagen, sie seien auf jeden Fall gerettet.

Nun, zum einen gibt es vermutlich etliche Menschen, die sich als wiedergeborene Christen bekennen, aber nicht wiedergeboren und damit nicht gerettet sind. Johannes erklärte es so: *"Sie sind von uns ausgegangen, aber sie waren nicht von uns!"* (1. Joh. 2,19)

Es gibt also christliche Bekenner, die abfallen – und auch nicht mehr umkehren, weil ihre Chancen vorbei sind – sie "waren nie von uns", waren nie echte wiedergeborene Christen.

Hebr. 12,5ff. sagt dagegen, dass echte "Söhne", also echte Kinder Gottes, von ihrem himmlischen Vater "gezüchtigt" werden, wenn sie vom Weg abirren. Gezogen, erzogen, damit sie wieder zur Vernunft kommen, damit sie innehalten und nachdenken. Ein echter Christ, der einen sündhaften Weg einschlägt, wird innerlich nie glücklich sein können. Der Geist Gottes wird bei ihm auch unentwegt arbeiten, um eine Umkehr, um "Raum zur Buße *(metanoia)*" zu schaffen.

Gehen wir bei der seelsorglichen Frage jedoch einen Schritt weiter: Da verharrt jetzt tatsächlich ein echter Christ in seiner Sünde, geht seinen sündhaften Weg, wird sogar von seiner Gemeinde ausgeschlossen. Soll dieser Mensch nun zur Umkehr gerufen werden durch die "Höllenhunde", durch den Druck einer eventuellen Verdammnis?

Oder geschieht echte, tiefgreifende, klar motivierte Umkehr nicht dadurch, dass dieser Mensch innehält und auf die unverdiente Liebe Gottes schaut? Ist es nicht die *"Güte Gottes, die zur Umkehr leitet"*?(Röm. 2,4)!

Und wenn dieser Verirrte plötzlich wieder die Liebe Jesu sieht, die am Kreuz so deutlich wurde, wenn er wieder erkennt, welch vollkommenes Werk Jesus für ihn vollbracht hat, dann können diesem Menschen echte Reuetränen über die Wangen laufen und er wird sich aufmachen, um wieder neu aus Liebe und Dankbarkeit den Weg mit Jesus zu gehen.

Wer bei seiner "Bekehrung" nur durch "Höllenangst" motiviert war, der wird auch zu echter Buße nicht fähig sein. Er wird in seinem Christenleben von Furcht, Druck und Gesetzlichkeit geprägt sein, aber nicht motiviert von Liebe und Dankbarkeit gegenüber der unendlichen Liebe Gottes.

Es gibt Leute, die behaupten sogar, dass, wenn auch nur eine Sünde im Christenleben vorhanden sei, man bei der Entrückung der Gemeinde nicht dabei sein werde. Wie können solche Menschen ehrlich gegenüber sich selbst sein? Merken sie denn nicht, dass auch in ihrem Leben Sünde vorhanden ist:

"Wenn wir sagen, wir haben keine Sünde, so verführen wir uns selbst, und die Wahrheit ist nicht in uns." (l. Joh. 1,8)

Gehört es denn nicht zur normalen Erfahrung eines Christen, dass er, rückblickend auf einige Jahre seines Christenlebens, Dinge entdeckt, die er damals überhaupt nicht als Sünde erkannt hatte und sich heute darüber wundert, dass er solche Dinge akzeptieren konnte? Es gehört doch zum Werk des Heiligen Geistes, uns immer mehr ins Licht Gottes zu stellen. Und je mehr wir diesem Licht ausgesetzt sind, desto intensiver werden wir die "Schmutzflecken" auf unserer "Lebensweste" entdecken.

Ich persönlich bin mir darüber im klaren, dass in meinem Leben Dinge sind, die ich im Augenblick wohl nicht bewusst als sündhaft erkenne (sonst würde ich sie ja Gott bekennen), die mir der Herr aber im Laufe meines Christenlebens noch zeigen wird.

Wer kann denn tatsächlich von sich behaupten, dass in ihm keine Sünde sei – außer Jesus?! Und unbewusste Sünde (das geht, wie wir bereits sahen, aus den alttestamentlichen Gesetzen glasklar hervor) ist auch Sünde! Doch für alle Sünde ist Christus gestorben, deshalb kann ich meines Heils sicher sein!

Manche Leute, die oben erwähnter Lehre anhangen, merken ehrlicherweise, dass in ihrem Leben sündhafte Dinge vorhanden sind. Ich erlebte, wie sie dann entweder depressiv wurden, verzagten und am Boden zerstört waren; oder wie sie sich selbst etwas vormachten, wie sie zu Wahnvorstellungen über sich selbst kamen. So

erzählte mir jemand von seinem Vater, der von sich behauptet, keinerlei Sünde mehr zu tun (die Ehe ist aber sichtlich kaputt und von großer Lieblosigkeit, Bitterkeit und anderer Schuld geprägt)!
Wer sich selbst kennt und weiß, dass “sein Fleisch sich nie bekehrt”, der wird sich solchen Illusionen nicht hingeben, und wird nicht “so tun als ob...”. Er wird vielmehr wissen, dass viele Handlungen noch durch egoistische Motive gespeist werden, viele Tätigkeiten noch von Ehrsucht bekleckert sind und er sich täglich noch viel Lieblosigkeit und Unterlassung zuschulden kommen lässt.

Und – stellen wir uns bloß einmal die Situation in schweren Verfolgungen vor: Kann auch nur einer unter uns die Hand für sich selbst ins Feuer legen?! Kann auch nur einer von uns Gewissheit haben, dass er bei Verfolgung (z.B. wenn die eigenen Kinder vor seinen Augen gequält würden) nicht “absagen” und damit sündigen würde?! Auch wenn ein Christ nach einer solchen “Absage”, die zweifellos sündhaft ist, gerade sterben würde – er wäre gerettet – was ihn nun doch noch mehr dazu motiviert, “stark im Herrn zu sein” und ohne Angst und Furcht, sondern aus wirklicher Liebe heraus auch in großer Trübsal standzuhalten. Die Angst vor Verdammnis hat diese Kraftwirkung nicht!

Kapitel 7

Ein persönlicher Erfahrungsbericht

In der Sonntagsschule, mit elf Jahren, traf ich eine Entscheidung für Jesus Christus. Ich erlebte daraufhin viel Freude, und auch meine gläubigen Eltern freuten sich für mich. Auch während meiner Lehre als Feinmechaniker besuchte ich regelmäßig die Gottesdienste und Bibelstunden und wurde deshalb von Arbeitskollegen oft als "Frömmler" bezeichnet, was für mich nicht einfach war.

Nach Lehrabschluss trat ich eine Stelle in der Nähe von Bern an, was für mich Gemeindewechsel und auch Verlassen des Elternhauses bedeutete. Mit den neuen Arbeitskollegen hatte ich anfangs ein gutes Verhältnis. Geistlich gesehen bekam ich jedoch immer mehr Probleme. In der neuen Gemeinde wurde nachdrücklich verkündigt, dass wir uns vor Kompromissen mit der Welt hüten sollten, da wir sonst unseres Heils verlustig gehen könnten. Dies wurde untermauert durch das Beispiel zweier ehemaliger Gemeindeglieder, die bereits als Kinder die Gottesdienste besuchten, nun aber "zurück zur Welt" gegangen und daher für ewig verdammt seien.

In dieser Gemeinde hatte ich in Rolf, einem gleichaltrigen Bäckergesellen, einen guten Freund gefunden, der allerdings dieselben geistlichen Probleme hatte wie ich: Wir waren uns immer weniger sicher, ob wir überhaupt ans Ziel gelangen könnten, hatten wir doch – was unser persönliches Leben anging – einen klaren Blick für unser oftmaliges Fallen und Versagen, gerade auch, wenn es um das Zeugnis am Arbeitsplatz ging.

Einmal bekannten wir – unabhängig voneinander – in derselben Woche unserem Gemeindepastor unser Versagen und unsere Befürchtungen. Beide wurden mit neuerlichen Ermahnungen entlassen, alles Weltliche zu meiden und ganz in Hingabe zu leben.
Wie kämpfte ich mit mir herum!

Da ich nie gesunde, sexuelle Aufklärung erfahren hatte, kaufte ich mir einiges an säkularer Literatur zum Thema, was mich in der Folge aber sehr belastete und mir zu schaffen machte. Unreine Gedanken und Handlungen plagten mich. Ich kam dadurch zur Überzeugung, dass alles Sexuelle sündhaft sei – erst viel später wurde mir klar, wie ich dadurch ja die Schöpfung Gottes verteufelte und missachtete; denn von der gottgewollten Sexualität (im Gegensatz zur pervertierten, verzerrten) hatte ich ja, auch nach diesen Lektüren, keine Ahnung! Bald lief ich nur noch mit einem schlechten Gewissen herum, was sich negativ auf meine "Stille Zeit mit Gott" auswirkte, wodurch aber wiederum mein schlechtes Gewissen neue Nahrung bekam.

Mit Rolf hatte ich keinen offenen Kontakt mehr. Und als er mir eines Tages eröffnete- "Fritz, ich schaff' das alles sowieso nicht! Und die andern, die heucheln und tun nur so, als ob sie besser wären; aber ich weiß, dass es nicht stimmt. Ich glaube, das Ganze ist ein Betrug. Ich will nichts mehr davon wissen", da brach unsere Verbindung völlig entzwei.

Bei einem der immer häufiger notwendigen seelsorglichen Gespräche fragte ich unseren Pastor, ob er denn Sieg über die Sünde habe, ich würde das einfach nicht schaffen, würde immer wieder merken, wie viel Egoismus und Bequemlichkeit, wie viel Lieblosigkeit und Geltungssucht in meinem Leben sei.

Er antwortete nur "Ich bin schon über 25 Jahre gläubig und kämpfe den guten Kampf des Glaubens. Ich habe erfahren, dass man als hingegebener Christ nicht mehr sündigen muss, wenn man nicht will. Und ich will schon lange nicht mehr, so dass ich es auch an einer Hand abzählen kann, wann ich in letzter Zeit noch gesündigt habe."

"Ja, unser Pastor", so dachte ich bei mir, "der ist ein von Gott Geliebter, der kann sich auf den Himmel freuen. Doch ich werde es nie soweit bringen..." Ich bekam immer schwerere Depressionen.

Dann folgte ein weiterer Schock: Die Frau des Pastors wollte wegziehen, da ihre Ehe, wie sie erklärte, schon seit vielen Jahren eine Katastrophe war und man sich nur noch wegen des "Zeugnisses" zusammengerauft hätte. Nun aber würde sie es nicht mehr aushalten, da ihr Mann schon seit einer ganzen Woche kein Wort mehr mit ihr reden würde, was unser Pastor nicht verneinen konnte. Beide waren voll hartnäckigen Grolles und tief verwurzelter Bitterkeit.

Sollte ich zur gleichen Schlussfolgerung wie Rolf kommen? Nein! Ich wusste, dass es Gott gab und dass Er mich zur Verantwortung ziehen würde. Unser Pastor war sicherlich auf ewig verloren, und ich musste aufpassen, dass es mir nicht ähnlich erging!

Meine Furcht und meine Anstrengungen ließen meine Depressionen immer stärker werden, bis ich sogar solche Denkblockaden hatte, dass mich meine Firma entlassen musste. Ich wurde in psychiatrische Behandlung überwiesen. Ohne nennenswerten Erfolg! Von den meisten Gemeindegliedern wurde ich gemieden. Meine Isolation, mein Selbstmitleid und meine Zweifel überwältigten mich, so dass ich mir einerseits nichts sehnlicher wünschte, als zu sterben; andererseits hatte ich aber große Furcht vor dem Tod und vor dem Gericht Gottes. Diese Lage brachte mich soweit, dass ich hospitalisiert und wiederum medikamentös behandelt werden musste – ohne bleibenden Erfolg.

Anlässlich eines Seminars machte mich der Referent in einem Gespräch darauf aufmerksam, dass meine Störungen von fehlender Geborgenheit und letztlich von einem ungesunden, unbiblischen Glauben herrührten. Er zeigte mir auf, dass ich nicht begriffen hätte, was Gnade eigentlich heißt. Mit aufwallenden Gefühlen folgte ich den Ausführungen über die ewige Errettung aufgrund des vollkommenen Opfertodes Jesu und der damit zusammenhängenden Heilsgewissheit und Heilssicherheit.

Emotionell konnte ich dies alles gar nicht fassen - zu lange hatte ich durch mein falsches Denken meinen Empfindungen eine falsche Richtung gewiesen - doch studierte ich die nächsten Tage immer wieder eine Bibelarbeit über “Lohn und Erbe” durch, was schließlich dazu führte, dass ich wieder für meine ewiggültige Erlösung danken konnte und auch bald zu innerer Gewissheit darüber gelangte.

Zum ersten Mal vertraute ich wieder froh und fest darauf, dass Jesus Christus mich liebt, so wie ich bin und so wie ich zu ihm komme. Ich war unsagbar bewegt und motiviert!

In der nächsten Zeit verloren sich meine psychischen Störungen. Heute kann ich Gott dafür danken, dass ich Seine vollkommene Gnade verstehen durfte. Als froher Christ gehe ich inzwischen auch wieder einer Arbeit nach - und habe das Vorrecht, Familienvater an der Seite einer wundervollen Frau zu sein.

Fritz K.

Kapitel 8

Mangelnde Geborgenheit auch in christlicher Gemeinschaft

Fehlende Geborgenheit kann sich verheerend auf ein Menschenleben auswirken – auch auf das Leben eines Christen. Zumeist wird das Problem beim Betreffenden dann noch verstärkt durch christliche Kreise und Gemeinschaften, die klar zum Ausdruck bringen, dass sie nur "bewährte Christen" für liebenswert halten. Christen dagegen, die sich ihres Versagens, ihrer Grenzen und Schwachheiten bewusst sind, fühlen sich verständlicherweise von solchen "Glaubensgeschwistern" nicht angenommen – es sei denn, man spielt eine bestimmte Rolle, man entspricht einem Bild, das aber nicht die wahre Persönlichkeit darstellt. Doch dort, wo ich etwas vorspielen muss, wo ich nicht der sein darf, der ich wirklich bin, kann gar keine echte, tiefe, liebende Gemeinschaft entstehen! Das Problem der Geborgenheit verstärkt sich ...

Wenn allerdings die Atmosphäre einer christlichen Gemeinschaft dadurch geprägt ist, dass man sich miteinander der vollkommenen, unverlierbaren Gnade erfreut und

Liebe und Dankbarkeit als Motive der Jesus-Nachfolge im Mittelpunkt stehen, werden es gerade "schwache" und "versagende" Christen (und wer gehört nicht dazu?!) viel leichter haben, sich angenommen, geliebt und geborgen zu wissen.

Bei manch einem Gespräch mit Christen, die vom Weg abgekommen sind, wurde gerade diese Ursache fehlender Geborgenheit deutlich. Weder von Gott (von dcm man meinte, er würde eine strenge "Bewährung" erwarten) noch von den Mitchristen (die dieses unklare Gottesbild förderten) wusste man sich schließlich angenommen. Und da wurde manch einer von einer starken Sehnsucht nach Geborgenheit gepackt, die er dann leider fehlbefriedigte: in "lockeren Kreisen", wo man einfach "sich selbst sein" konnte, in freizügigen Freundschaften, die sich keine Grenzen und Schranken setzten und so einen Schein von Angenommensein vermittelten; oder gar in sektiererischen Gruppen, die einer menschlichen religiösen "Exklusiv-Lehre" anhingen und darin eine Art Einheit und Geborgenheit vermittelten.

Nochmals: Um tiefste Geborgenheit in Gott zu erleben, sollte sich ein Christ seines Heils sicher sein. Dann wird es auch möglich sein, allein aus Liebe und Dankbarkeit gegenüber dem, was Jesus Christus für uns getan hat, Ihm nachzufolgen.

Auch werde ich dann, um nur einige Beispiele zu nennen, meine "Stille Zeit mit Gott" verbringen, weil ich die Liebesbeziehung zu Ihm pflegen möchte – und nicht aus einer heimlichen Angst heraus, dass bei verpasster "stiller Zeit" der Tag "nicht richtig laufen kann..."

Oder ich werde Gebets- und Fürbittedienst üben, weil ich die Liebe, die ich selbst erfahre, auch meinen Mitchristen zuteil werden lassen möchte – und nicht um einem Gesetz zu entsprechen oder "Punkte" vor Gott zu sammeln ...
Oder ich werde zu meinem Versagen und meinen täglichen Versuchungen stehen können, weil ich mich trotzdem angenommen und geborgen weiß – und nicht aus Angst vor Verlorenheit dies alles verdrängen oder in einem besseren Lichte darstellen müssen ...

Oder ich werde anderen Christen eine offene, barmherzige Hilfe und Ermutigung sein können, weil ich auch sie unerschütterlich in Gottes Hand geborgen weiß – und nicht mehr mit Höllenangst, Druck und Vorhaltungen operieren muss.

Darüber sollten wir gründlich nachdenken!

Seminare für Paare und Alleinstehende

Die Seminare mit Walter Nitsche finden an verschiedenen Orten in West- und Osteuropa statt:

- als Tagesseminare in örtlichen Kirchen und Gemeinden oder
- als Wochenendseminare in Freizeit- oder Seminarhäusern oder
- im Rahmen von Urlaubswochen in reizvollen Gegenden und erholsamer Umgebung.

Die Seminare werden von der AsB (Arbeitsgemeinschaft seelsorglicher Berater) mit veranstaltet (die diese Seminare als seelsorgliche Grundausbildung für ihre Mitglieder anbietet).

Eingeladen sind jedoch alle Personen (sowohl Paare als auch Alleinstehende)**, die an tiefgehenden Persönlichkeits- und Beziehungs-Themen interessiert sind** (völlig unabhängig von der AsB oder vom cpd).

Termine und weitere Infos zu den Seminaren unter **www.cpdienst.com/Seminare**.
Oder fordern Sie beim Verlag oder beim Autor eine Terminübersicht an.

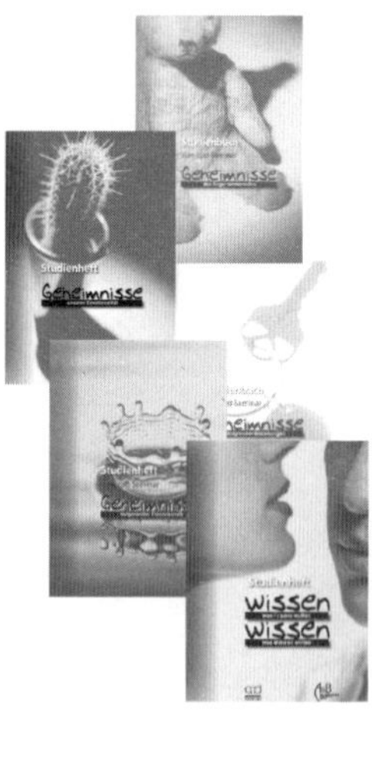

Kapitel 9

Erlebte Geborgenheit durch praktiziertes Vertrauen

Angenommen die Fundamente stimmen nun. Ich bin mir meiner ewigen Erlösung gewiss, weiß mich absolut sicher in der liebenden Hand Gottes und setzte mein Vertrauen allein auf das vollkommene Opfer Jesu.

Als nächstes bedarf es nun eines Trainings, diese befreiende, frohmachende Basis im Alltagsleben zu intensivieren und in praktischen Situationen anzuwenden.

Im Alltag kommen dabei verschiedene Hindernisse auf uns zu, wie beispielsweise:

Stürme des Lebens und die Zusage Gottes

Gerade wenn wir uns in Stürmen des Leben, inmitten von Problemen und Widerwärtigkeiten befinden, ist unsere innere Einstellung entscheidend. Zu einer inneren Einstellung, die wachsende Geborgenheit und innere Ruhe zur Folge haben wird, verhilft uns die Zusage Gottes in Röm. 8,28:

"Denn wir wissen, dass all jenen, die Gott lieben, alle Dinge zum Besten dienen..."

Diese gewaltige Zusage unseres Gottes an all jene, die eine Liebesbeziehung mit Ihm pflegen, sollten wir zur Basis unserer inneren Einstellung gegenüber allen Alltagsgeschehnissen und Lebensumständen machen.

Gott verspricht hier allen, die ihn "Steuermann" ihres Lebens sein lassen, dass alle Dinge, die er für unser Leben zulässt, letztlich doch zu unserem Besten dienen müssen. Daraus folgt: Gegebenheiten, die letztlich nicht zu unserem Besten genutzt werden können, verhindert er.

Wer wird wohl eher voller Zuversicht und innerer Gelassenheit morgens aus dem Bett steigen? Derjenige, der sich davor fürchtet, was ihm dieses schwere Leben am heutigen Tag alles antun wird oder jener Mensch, der mit zuversichtlicher Neugierde den Tag beginnt, wie Gott ihn heute führen wird? Wenn wir in der Gewissheit leben, dass Gott alle Dinge, die uns heute begegnen, für uns zum Besten dienen lassen wird, dann besitzen wir eine Quelle innerer Ruhe – auch inmitten widrigster Umstände.

Wir irren, wenn wir annehmen, Geborgenheit und innere Ruhe würde von unseren Lebensumständen abhängen. Nein, es kommt letztlich auf unsere Einstellung dazu an. Der negativ Eingestellte äußert, dass das Glas schon halb leer sei, der positiv Eingestellte nennt es noch halb voll. Der eine schaut nachts aus dem Fenster und sieht die Sterne, der andere sieht verschmutztes Fensterglas. Der Zweifler fragt bei Widerwärtigkeiten: "Warum ausgerechnet ich?" Der Glaubende sagt: "Gott sei Dank, ich lebe noch – und du, mein Gott, wirst mir auch diese

Sache letztlich zum Besten dienen lassen!"
Viele Zeitgenossen versuchen ihr ganzes Leben lang, Geborgenheit und Zufriedenheit dadurch zu erlangen, dass sie ihre Lebensumstände ändern. Doch "man sieht keinen Sonnenuntergang, wenn man nach Osten schaut". Innere Ruhe findet man nicht in geänderten Lebensumständen, sondern dadurch, dass man nicht nur zu Gott nach Hause kommt, sondern auch bei Ihm zu Hause ist, in Seinen Zusagen lebt. Dann kann das Christenleben zu einem spannenden Abenteuer werden, das von persönlicher Zuversicht, Gelassenheit und innerer Ruhe gekennzeichnet ist.

Nach einem Vortrag über die Zusagen Gottes, standen wir noch im kleinen Kreis zusammen. "Obwohl ich im Vertrauen zu Gott betete, passierte uns im Urlaub dieses Unglück..." erzählte mir ein enttäuschter Mann, und schilderte in ausführlichen Worten das Geschehene. "Warum lässt Gott in unserer Familie dieses Leid zu..." fragte auch eine ältere Frau mit provokativem Unterton in ihrer Stimme. Und beide äußerten: "Wenn Gott dies verhindert hätte, dann könnte man tatsächlich von einem liebenden Wirken Gottes sprechen, aber so...?!"

Das Schiff unseres Lebens wird auf seiner Reise immer wieder Stürmen und Unwettern begegnen. Doch Gewitter säubern die Luft, ohne Regen gäbe es kein Wachstum (auch keinen Regenbogen) und beim Wind kommt es darauf an, wie man die Segel setzt (oder sie einholt). Das Grundlegende besteht darin, dass wir das Ruder Gott überlassen. Doch wir selbst haben zu lernen, die Segel richtig zu setzen. Wir können bei jedem Problem nach dem verborgenen Geschenk darin suchen, wir können bei jedem Unglück uns dazu entscheiden, Vertrauen in Gott zu investieren, dass Er daraus Gutes machen kann – und mit gespannter Erwartung "weitersegeln".

Auch wenn wir nicht sofort etwas Positives an einer unangenehmen Situation erkennen können, ist unsere Frage danach, was vielleicht positiv sein könnte, ein Blick in die richtige Richtung. Wie könnte das Problem meinem Wachstum, meiner Erziehung, meiner Reifung dienen?

Doch es gibt Situationen, da kann man sich beim besten Willen keinen einzigen positiven Aspekt vorstellen. Denken wir beispielsweise an die Geschichte Josephs im Alten Testament: Als junger Mann von den eigenen Brüdern als Sklave nach Ägypten verkauft. Wie viel seelische Schmerzen, welches Leid empfand Joseph wohl in dieser Situation? Niemand hätte ihm da wohl einen positiven Ausblick für sein Leben geben können. Doch er vertraute weiterhin seinem Gott. Da erlebt er Gunst im Hause des Potiphar und wird zum Aufseher, zur rechten Hand des wohlhabenden Ägypters. "Immerhin etwas" mag man dabei denken – doch konnte diese Stellung den Verlust von Heimat und Familie aufwiegen? Sicherlich nicht.

Da brauen sich bereits die Gewitterwolken eines neuen Sturms zusammen, der über Josef hereinbrechen sollte: Die Frau des Potiphar, die eigene Chefin, strebt ein sexuelles Verhältnis mit Josef an. Doch in diesen sehr verlockenden Situationen bleibt Josef seinen Prinzipien und seinem Gott treu – und weigert sich, Ehebruch zu begehen. Würden wir nun nicht alle die Fülle des Segens Gottes für Josef erwarten? O ja, dieser kam auch – doch völlig anders als Josef es sich vorgestellt hatte: Aufgrund von Verleumdungen kam er in ein ägyptisches Gefängnis!

Angenommen, du wärst ein Mitgefangener gewesen, was hättest du Josef geantwortet, wenn er dich in diesem Gefängnis gefragt hätte, wie Gott diese Gegebenheiten wohl zum Besten dienen lassen will? Mir wäre sicherlich jedes tröstende Wort im Hals stecken geblieben. Ich kann mir auch vorstellen, welch gewaltige innere Kämpfe Josef gehabt hat. Aber er entschloss sich, seinem Gott weiterhin zu vertrauen.

Auch wenn die eigenen Gefühle genauso aufgepeitscht sind wie die tosenden Fluten, durch die wir gerade segeln; wir können uns dazu entscheiden, unserem unsichtbaren Steuermann zu vertrauen, und daher nach seinen Anweisungen die Segel setzen. Wachsende Geborgenheit auch in Stürmen des Lebens wird die Folge davon sein!

Die innere Ruhe und Gelassenheit des Josef führte dazu, dass er wiederum Vertrauen genoss und eine leitende Stellung im Gefängnis erhielt. Zuletzt jedoch konnte Josef als Vizepräsident Ägyptens, als zweiter Mann nach dem Pharao selbst, sein eigenes Volk retten – letztlich führten alle Leidenswege von Josef zu einem wunderbaren Ergebnis, das sich Josef selbst nie hätte träumen lassen! Erst viele, viele Jahre später – also in der Rückschau – konnte Josef das intelligente, wunderbare Handeln Gottes erkennen.

Auch ein in Liebesbeziehung mit Gott lebender Christ darf darauf vertrauen, dass sich alles Leid und alles vordergründige Unglück in der Rückschau einmal als segensreich und gut offenbart. – Selbst wenn diese Rückschau erst in der Herrlichkeit Gottes möglich sein sollte.

Und die eigenwilligen Wege?

Mit recht fragt man sich, wie Gott mit eigenwilligen Wegen, die seinem Plan nicht entsprechen, umgeht? Logischerweise ist ein sündhafter, ungehorsamer Weg eines Christen kein Leben aus einer Liebesbeziehung mit Gott heraus. Auf solche Wege darf daher die Zusage von Röm. 8,28 nicht automatisch übertragen und angewendet werden. Viel Leid verursachen wir uns nämlich auch selbst, indem wir eigene Wege gehen und nicht nach dem Willen Gottes fragen. Daher sollten wir manches Leidvolle in unserem Leben nicht einfach der Zulassung Gottes zuschreiben, sondern eher als Ernte von dem werten, was wir selbst eigenwillig gesät haben.

Doch auch hier gilt: Sobald sich solch ein Christ wieder voll und ganz in die Hand Gottes legt, diese Liebesbeziehung mit Jesus Christus eingeht, wird der weitere Lebensweg wiederum optimal von Gott gestaltet werden. Vielleicht über Umwege und auf anderen Pfaden, als ursprünglich von Gott geplant, aber nichtsdestoweniger neu "nach Seinem Willen" und zu unserem Besten. Auch vergangenes Falsches kann unser himmlischer Vater gnädigerweise noch nutzbar und dienlich für uns und andere machen. Daher kommt wohl auch der Spruch: "Gott kann aus Mist noch Dung (Dünger) machen..."

Unsere Erwartungen

Ich selbst habe lange Zeit meines Christenlebens nach einem falschen, unbiblischen Rat gelebt: Rechne stets mit dem Schlimmsten, dann bist du nicht enttäuscht... Nein, es geht auch nicht darum, zu den Pessimisten oder den Optimisten gerechnet zu werden, sondern zu denen, die vertrauen, dass die Zusage Gottes in Röm. 8,28 eintreffen wird!

Wenn wir stets das Schlimmste befürchten, dann werden wir auch nur Negatives und Schlimmes sehen und werden niemals entdecken, welch verborgene Geschenke unsere Probleme und Schwierigkeiten enthalten können. So fordert uns auch der Apostel Paulus auf, nicht über Destruktives, Negatives, Schlechtes nachzudenken, sondern über das, *"was wahrhaftig, was ehrbar... was liebenswert, was wohllautend, was irgend eine Tugend oder ein Lob ist"* (Phil. 4,8)

Daher konnte Paulus auch feststellen: *"Ich habe gelernt, mit der Lage zufrieden zu sein, in welcher ich mich befinde..."* (Phil. 4,11). Er schaute auf das, was er in Gott hatte, nicht was ihm angeblich in seinem Leben fehlen würde.

Viele Menschen, die man objektiv gesehen als sehr wohlhabend bezeichnen muss, sind trotzdem unglücklich und unzufrieden, weil sie sich stets mit den Dingen beschäftigen, die sie nicht haben. Und die Sehnsucht nach diesem angeblich Mangelnden wird allzu oft mit Alkohol und anderen Drogen gedämpft.

Zufrieden sein bedeutet nicht, sich resigniert seinem "Schicksal" hinzugeben, sondern sich voll innerer Zuversicht den Wegen des persönlichen Steuermanns anzuvertrauen und die Herausforderungen des Lebens anzunehmen, weil ich weiß, ich bin bei Gott zu Hause. Daher konnte Paulus auch trotz allen Leids in seinem Leben diese gewaltige Feststellung machen: *"Ich vermag alles durch den, der mich stark macht!"* (Phil. 4,14)

Diese Einstellung fordert eine positive Erwartungshaltung. Und diese Haltung ermöglicht es uns auch, Positives von den Alltags-Schwierigkeiten zu erwarten. *"Dies ist der Tag, den der Herr gemacht hat. Wir wollen uns freuen und fröhlich sein!"* (Psalm 118,24)

Die Kraft der Sorgen entmachten

"Sorget nicht", sagt Jesus im Matthäusevangelium 6,25. Wir denken vielleicht dabei: "Das ist leichter gesagt als getan." Doch Jesus Christus regt uns nicht einfach zu einem unbegründeten "positiven Denken" an, sondern gibt uns logische Gründe für seinen Hinweis. Einen davon nennt er gleich im selben Kapitel des Matthäusevangeliums: "Er, der Allmächtige, der jedes Haar kennt, das uns ausfällt, hat die seinen in seiner Hand." Nicht sorgen bedeutet nicht, dass man sich keine Ziele stecken und darüber nachdenken soll, wie diese zu erreichen sind. Sorglosigkeit darf nicht mit Oberflächlichkeit oder gar Verantwortungslosigkeit verwechselt werden! Es geht hier vielmehr darum, die Kraft der Sorgen im persönlichen Leben zu entmachten; denn sorgen raubt uns innere Ruhe und Geborgenheit.

Man hat festgestellt, dass nur 4% von dem, was wir befürchten, auch eintritt. Wir können daraus folgern, dass wir uns oft in unseren Sorgen mit Dingen der Zukunft beschäftigen, auf die wir jetzt keinen Einfluss haben und die wahrscheinlich auch gar nie so eintreffen, wie wir es uns vorstellen. Schade um die vertane Zeit, nicht wahr?! Wenn Paulus in Eph. 5,16 schreibt, wir sollen "die Zeit auskaufen", dann sind auch Sorgen mit ihren negativen Auswirkung inbegriffen. Wer zu sehr über die Zukunft nachgrübelt, sich Sorgen hingibt, der beraubt sich letztlich der Gegenwart!

Im 2. Kor.6,2b steht: *"Siehe, jetzt ist die angenehme Zeit; jetzt ist der Tag des Heils!"* Jetzt! Im Jetzt leben zu lernen bedeutet, den Augenblick voller Dank gegenüber unserem Schöpfer zu genießen.

Versuche dich einmal an eine Zeit zu erinnern, in der du dich sehr glücklich fühltest, oder an ein sehr schönes Erlebnis, wofür du sehr dankbar bist. Was fällt dir dabei ein? Ist es nicht eine Situation, die du in der Vergangenheit voll ausgekostet hast? In der du ganz "bei der Sache" warst? Waren es nicht Augenblicke, die du ganz bewusst erlebt hast?

Wenn du verheiratet bist: Kannst du dich noch an den ersten Kuss deines Partners erinnern? Ja? Dann hast du diesen damals sicherlich voll und ganz genossen und sehr bewusst erlebt. Hättest du damals an etwas anderes gedacht (z. B.: "ach, gleich beginnt die Sportschau..." oder "wenn ich nur den Fehler in meiner Buchhaltung finden könnte..." usw.) dann könntest du dich heute an dieses schöne Erlebnis vermutlich nicht mehr so gut erinnern.

Gute Erinnerungen, die uns dankbar und zufrieden machen, sind aneinander gereihte Augenblicke, die wir dankbar genossen und ausgekostet haben. Verpasse solche Augenblicke nicht, indem du mit deinen Gedanken stets "woanders" bist! Widme dem "Jetzt" volle Aufmerksamkeit. Schöpfe die Augenblicke des Lebens voller Dankbarkeit aus (1. Timotheusbrief 4,4!)

Sehr konkret fordert uns der Apostel Petrus auf: *"Alle eure Sorge werfet auf ihn; denn er sorgt für euch!"* (1. Petr. 5,7)
Sorgen gilt es also wegzuwerfen, das Vertrauen auf die

Fürsorge Gottes zu behalten (und nicht umgekehrt). Manchmal ist es hilfreich, wenn man sich bei immer wieder kehrenden Sorgengedanken bewusst eine Zeit setzt, um konkret darüber nachzudenken.

Zum Beispiel: “Ich denke jetzt noch 10 Minuten intensiv über die Sache nach und stelle mir dabei folgende Fragen: Was kann ich jetzt hinsichtlich des Problems tun? (Wenn ich konkret etwas tun kann, dann sollte ich es mir aufschreiben und planen, dies durchzuführen.)

Welche Möglichkeiten gibt es für mich, auf dieses Problem zu reagieren? (auch aufschreiben)

Was kann ich jetzt wirklich noch nicht voraussehen? (evtl. auch aufschreiben oder sich über die eigene Fantasie wundern...)”

Und nach diesen 10 Minuten fällt die Entscheidung: “Alles Aufgeschriebene, alles zu diesem Problem Bewegte lege ich nun in die Hand meines treusorgenden himmlischen Vaters und weigere mich, mir weitere Sorgen über dieses Problem zu machen. Ich will jetzt nicht mehr über die Problematik nachgrübeln, sondern sie in der Hand meines Gottes lassen.”

Ermutigende Erfahrungen

Sorgen im richtigen Sinne wegzuwerfen, zu erleben, wie Gott auch Schweres zum Besten dienen lässt, im Vertrauen auf Jesus Christus an Gottes Wort festzuhalten – dies erlebten schon Tausende anderer Christen in sehr deutlicher und konkreter Form. Die Lektüre solcher Lebensberichte oder Biografien kann dir auf dem Weg zum Vertrauen und zur Geborgenheit helfen, den eigenen Blick in die richtige Richtung zu wenden und dich dazu ermutigen, dieselbe innere Haltung einzunehmen.

Wie geht beispielsweise eine junge Frau mit dem unsagbaren Leid um, wenn der Ehemann plötzlich an Krebs stirbt und zwei kleine Kinder hinterlässt? Bewegende und hilfreiche Gedanken findest du dazu im persönlichen Bericht von Norbert und Gabriele Rösinger: "Tod, wo ist dein Stachel?!" (edition philemon, Bestell-Nr. 648 331)

Oder wenn sich ein Mädchen total ungeliebt fühlt, weil es vor allem Ablehnung und Egoismus erlebte? Die Antwort findest du im autobiografischen Roman von Veronika Fritz: "Vorsicht: Leben!" (edition philemon, Bestell-Nr. 648 333)

Ich las von einem missbrauchten Jungen, der derart positiv mit dem erlittenen Unrecht umging, dass mich der Bericht zutiefst berührte. Ich möchte ihn zum Abschluss in gekürzter Form wiedergeben. Er ist dem Buch "Para-

bola" von Marisa Martins (edition philemon, Bestell-Nr. 648 332) entnommen:
Osmar wurde am Stadtrand von São Paulo geboren. Seine Eltern steckten gerade in einer Ehekrise, denn kurz zuvor kam heraus, dass der Vater des Kindes seine Frau betrügt. In diese Situation hinein wurde Osmar geboren. Gleich nach der Geburt versuchte die Mutter herauszufinden, wer ihre Rivalin ist, wo sie wohnt und inwieweit sich das Verhältnis ihres Mannes zu seiner Liebhaberin vertieft hat. Zum Unglück für das Kind hatte der Vater mit der anderen Frau auch ein Kind – fast genauso alt wie Osmar. Und beide Kinder sahen sich zudem sehr ähnlich. Die Mutter versuchte, all den Schmerz des Betruges irgendwie zu entladen. So wurde der kleine Osmar zur Zielscheibe der Rache und zum Mittel, das Unveränderliche zu entstellen. Jahrelang wurde Osmar von seiner Mutter misshandelt.

Osmar selbst beschrieb seine Tragödie: Ich weiß nicht mehr, wann sie anfing, mich zu schlagen. So weit ich denken kann, bekam ich Hiebe. Was immer meine Mutter in die Hände bekam, warf sie nach mir. Ich wurde mit Eisen und Gürteln geschlagen. Fausthiebe waren noch das am wenigsten Schmerzhafte ihrer Schläge. Ich musste stundenlang stehen und durfte mich nicht setzen. Sie ließ es nicht zu. Wurde ich müde, dann wurde es richtig schlimm, denn dann setzte es mit Sicherheit Prügel.

Ich habe noch drei Geschwister, aber die Misshandlungen trafen nur mich, denn nur ich sah meiner Halbschwester ähnlich, wenn überhaupt. Es fällt mir immer noch schwer, darüber zu reden.

Jeden Morgen um halb sechs ging mein Vater fort

zur Arbeit. Kaum war er gegangen, hagelte es schon Fausthiebe. Ich wurde mit Töpfen auf den Kopf geschlagen, nur weil es an der Zeit war, aufzustehen. Sie stellte mich neben ihre Zimmertür, und wenn ich mich setzte oder im Stehen einschlief, schlug sie mich mit einem Besenstil, meist an den Kopf. Ich musste dort stehen, während sie und meine Geschwister weiterschliefen.

Wenn sie dann aufwachten, fing ich schon an zu weinen, denn ich wusste, dass ich nun wieder Schläge bekommen würde. Ich wurde immer geschlagen. Ich erinnere mich noch an ihren Blick, wenn sie an mir vorbeiging und sagte: "Warte nur ab, sobald ich deine Geschwister versorgt habe, bekommst du deine Prügel."

Es war der reinste Wahnsinn. Es gab keinen triftigen Grund dafür, mich Tag für Tag zu schlagen, selbst an Samstagen und Sonntagen, wenn mein Vater zu Hause war. Ich hatte keinen Anspruch auf Frühstück. Zu essen bekam ich nur das, was meine Geschwister übrig ließen. Oft waren diese Reste voller Haare, denn ich hockte auf dem Boden wie ein Tier und sie zerrte mich an den Haaren und drückte mein Gesicht auf den Teller und sagte: "Du hast alles restlos aufzuessen." Es war recht schmutzig, denn alle Reste wurden dort hineingeworfen.

Dann begann sie, meinen Gaumen mit einer Gabel oder einem glühenden Schraubenzieher zu stechen, ohne ihn aber durchzustechen. Ich wurde jedoch stark verletzt und blutete auch viel...

Eines Tages verursachte Osmars Mutter mit ihren Fußtritten bei ihm einen Darmdurchbruch. Als sie das viele Blut sah, bekam sie es doch mit der Angst zu tun und lief mit Osmar ins Krankenhaus. Es war nicht das erste Mal, dass er wegen seiner häufigen “Stürze“ dort behandelt werden musste. Sein Zustand war ernst. Er wurde sofort in den Operationssaal gebracht. So sehr die Ärzte sich aus fremden Problemen auch heraushalten, hier konnten sie es nicht mehr...

Nun nahm sich die Sozialhelferin des Krankenhauses der Sache an. Die Mutter wurde vor Gericht angeklagt. Es ist ein Wunder, dass Osmar überlebt hat, obwohl ein weiterer chirurgischer Eingriff nötig wurde, weil innere Komplikationen auftraten.

Als Folge des Gerichtsverfahrens wurde die Mutter verhaftet. Osmar wurde in eine Institution abgeschoben. Doch die Institutionen wiesen ihn nacheinander ab und in dem Maße, wie er wuchs, wurde es immer schwieriger, einen neuen Platz für ihn zu finden.

Osmar erzählte weiter: “Diese Leute kamen mit meiner Art nicht zurecht und ich noch viel weniger mit ihrer. Wisst ihr, ich war schlimm, ich entlud bei der erstbesten Gelegenheit all die Bitterkeit, die ich im Leben angehäuft hatte, auf andere.“

Die letzte Institution, durch die Osmar ging, stellte ultimativ fest: “Entweder geht dieser Junge freiwillig fort oder unsere Angestellten gehen, weil sie das Zusammenleben mit ihm nicht mehr ertragen!“

In dieser Zwickmühle stießen sie auf ”Parábola“, den einzigen Ort in São Paulo, der bereit war, Osmar mit seinen vierzehn Jahren aufzunehmen. Als er kam, waren meine ersten Kontakte zu ihm schwierig. Doch als er sich langsam öffnete, konnte ich verstehen, dass die Schmerzen und Folgeerscheinungen, an denen er litt, nur durch Jesus selbst geheilt werden konnten.

Oft musste ich mich zurückziehen und weinen, denn anfangs war Osmar friedlich, aber bald begann er, alle anzugreifen, vor allem mich. Alles, was er sagte, war aggressiv. Dieses Herz vertraute niemandem. Ich betete um Weisheit, denn ich wusste nicht, wie ich ihm begegnen sollte. Gott würde es wissen und mir eine Tür zum Herzen dieses Jungen öffnen.

Eines Nachmittags, als die Tageskinder Fußball spielten, bekam Osmar wieder einen seiner gefürchteten Wutausbrüche. Wieder einmal entlud sich sein Zorn über mich. Aber ich hatte auch keinen guten Tag, denn das Fass war längst übergelaufen. Als er auf mich losging und mich anbrüllte: “Du bist überhaupt niemand, um mir zu befehlen, ruhig zu sein!“, antwortete ich gereizt: “Ach, nein?“ Ich war ziemlich erregt und wusste, dass meine Zurechtweisung jetzt wertlos sein würde. Er wandte sich ab und wollte hinausgehen. Ich rief: “Geh’ nicht hinaus.“

Aber er ging einfach weiter, als ob er es nicht gehört hätte. Mein Adrenalinspiegel schoss hoch, und ich sprang ihn im Hof einfach an. Ein ansehnliches Publikum verfolgte die Szene.

Ich hockte auf ihm, so dass er nicht aufstehen konnte und mir zuhören musste: “Was willst du eigentlich von mir? Dass ich dir einen Schraubenzieher gebe, damit du mir meinen Gaumen durchbohren kannst? Oder eine

Zange, um mir die Zähne auszubrechen? Ich kümmere mich einen Dreck um mein Aussehen, wenn das zu deiner Rettung beiträgt."

Er wand sich und versuchte, sich zu befreien, aber mein Gewicht ließ es nicht zu. Und so musste er mich weiter anhören: "Wenn du mich verletzen musst, um zu erfahren, dass ich dich lieb habe, dann verletze mich. Ich habe keine Angst!" Dabei drehte ich seine Hände so, dass sie mich angreifen sollten, und er wehrte sich, damit sie mein Gesicht nicht berührten.

Als er sah, dass ich stärker war, entfuhr ihm ein stöhnender Schrei, der tief aus seiner verletzten Seele zu kommen schien: "Hör auf, Mutter!" Das war das erste Mal, dass er mich Mutter nannte.

Von da ab änderte sich sein Verhalten und innerhalb einer Woche nahm er Jesus Christus als seinen Erlöser und Retter an und erkannte ihn als seinen Gott, Herrn und Meister.

Er berichtet selbst: "Ich wollte dich nicht verletzen, aber bis zu jenem Zeitpunkt bildete ich mir ein, dass ich es wollte. Als ich dann sah, dass du dich verletzen lassen würdest, ja, dass du das sogar von mir wolltest, dachte ich, du wärst verrückt. Ich konnte es auf einmal nicht zulassen, dass meine Hände dich verletzten. Später entdeckte ich, dass ich doch jemanden verletzt hatte: Jesus, der um meinetwillen getötet wurde. Bei allem, was ich gelitten habe, hat er sicher noch viel mehr gelitten, und er war Gottes Sohn, ich konnte meiner (Adoptiv) Mutter nicht davonlaufen, aber er hätte es gekonnt. Doch er wollte es nicht und darum weiß ich, dass er mich liebt."

Osmar ist heute sechzehn Jahre alt. Wir wissen, dass er den Herrn Jesus liebt. Als er mir das gesagt hatte, konnten wir uns die Hände reichen und zusammen beten, dass diese Erinnerungen uns nicht traurig machen.

Osmar selbst kam zur Überzeugung: "Ich musste das alles durchmachen, denn sonst würde ich nicht Richter werden wollen, um anderen zu helfen, dass sie nicht so leiden müssen wie ich. Ich muss irgend etwas für die Leute tun, doch ich sehe so viele "normale" Leute, die weggucken und nichts für andere tun. Ich weiß, dass ich zur Armee Gottes gehöre und dass er mir helfen wird, vielen das Leben zu retten."

Osmar wurde bereits mehrfach operiert, um sein Gesicht wiederherzustellen. Jetzt fehlt noch der neue Zahnersatz. Das alles ist nicht so entscheidend. Wichtig ist, dass er gerettet ist und dass er zur Zeit in unserem "Parabola" heranwächst – ohne Bitterkeit, mit einem klaren Ziel vor Augen, auf das er mit einer frohmachenden Zuversicht zugeht...

Kapitel 10

Facettenreiches Angenommensein

Ein weiterer Aspekt, sich von Gott angenommen und geliebt zu wissen, hängt mit der Selbstannahme zusammen. Die irritierende Frage unseres Herzens: „Wie kann mich Gott annehmen, so wie ich bin – ich müsste mich in vielen Bereichen zuerst ändern…?!?" Dabei denkt man vor allem an die Schattenseiten seiner Persönlichkeit. Jene Facetten des Lebens, die wir gerne verstecken.

Unser Schöpfer weiß darum! Die Bibel fasst einige Schattenseiten zusammen und nennt sie einfach „Fleisch" (griechisch „sarx"). Dieses „sarx" ist ein Prinzip in uns, das grundsätzlich Gefallen daran hat, Gott zu widerstehen. Ja, das „sarx" in uns hat Lust zu sündigen! Die Aufzählung in Gal. 6,19, wozu das „Fleisch" Lust hat spricht für sich selbst!

Viele Christen meinen nun, dass dieses „Fleisch" oder „sarx" sich „bessern" würde und nur dann könne Gott einem „richtig annehmen"…

Lasst uns dazu die biblischen Fakten festhalten:

Im 2. Korintherbrief 5,17 steht: *„Ist jemand in Christus, so ist er eine neue Kreatur; das Alte ist vergangen, siehe, ein Neues ist geworden."*

Das Neue, das Gott bei der Bekehrung bzw. Wiedergeburt einem Menschen geschenkt hat, ist u.a. ein neuer „Geist" (nicht das Denken, das zum „seelischen" oder „inneren Menschen" gehört). Der „tote Geist" des Menschen wurde durch den Heiligen Geist „lebendig gemacht". Das ist „das Neue" (neben „Herz" und „Willenskraft", worauf wir hier aber nicht eingehen möchten.)

Was ein Mensch tatsächlich in seinem Leben braucht, ist Christi Geist:

„Ihr aber seid nicht im Fleische, sondern im Geiste, wenn anders Gottes Geist in euch wohnt; wer aber Christi Geist nicht hat, der ist nicht sein."(Römerbrief 8,9) und der erlöste Mensch ist nach Röm. 8,12 *„dem Fleische nicht mehr schuldig, nach dem Fleische zu leben."*

Das „Fleisch / sarx" jedoch „bekehrt" sich nicht!

Fälschlicherweise meinen viele Christen, ihr persönlicher Kampf müsse das sündhafte Fleisch im Visier haben und erwarten somit immer noch, dass sich ihr „Fleisch" im Laufe der Zeit ebenfalls „bekehren" werde. Das ist ein großer Trugschluss mit schwerwiegenden Auswirkungen, denn das sündhafte „sarx" kann sich nicht „bekehren" (es mag höchstens zeitweise so scheinen, „als ob…"). Im Galaterbrief 5,16 heißt es daher nicht: „Wandelt im Geist, so werden die Lüste des Fleisches verschwinden", sondern: *„Wandelt im Geist, so werdet ihr die Lüste des Fleisches nicht vollbringen!“*

Merken wir diesen gewaltigen Unterschied?! Die Heilige Schrift behauptet hier nämlich, dass die „Lüste des Fleisches“ weiterhin da sein werden, es jedoch darum geht, im „Geist zu wandeln“, damit wir dem „sarx“ nicht unterliegen…

Ein Christ kämpft auf verlorenem Posten und wird laufend Enttäuschungen erleben, wenn er auf die „Bekehrung seines Fleisches“ hofft. Dann fühlt er sich von Gott auch nicht angenommen, weil er meint, Gott hätte dieselbe Erwartung und Vorstellung. Aber Gott weiß, dass sich das „sarx“ hier auf Erden nie bekehren wird. Erst im Himmel werden wir vom „sarx“ vollständig erlöst sein.

Jeder Radfahrer weiß, dass der hinderliche Gegenwind nicht aus dem Weg geräumt wird, indem man ihm gehörig die Meinung sagt und verlangt, er solle heute ruhen. Genau so wenig können wir unserem „Fleisch“ eine Standpauke halten, um es dadurch zu ändern oder zum Schweigen zu bringen.

Das Wort Gottes nimmt eindeutig Stellung zum „sarx“:

Röm. 7,18: *„Denn ich weiß, dass in mir, das ist in meinem Fleische, nichts Gutes wohnt.“*

Röm. 8,7: Die Gesinnung des Fleisches *„ist dem Gesetz Gottes nicht untertan“*

Joh. 6,63: Das Fleisch *„nützt gar nichts.“*

Gal. 5,17: *„Denn das Fleisch gelüstet wider den Geist und den Geist wider das Fleisch, diese widerstreben einander."*

Auch Jakobus erwähnt mit aller Selbstverständlichkeit die Tatsache, dass in uns das Prinzip „sarx" vorhanden ist:

Jakobusbrief 1,14: *„Ein jeder wird versucht, wenn er von seiner eigenen Lust gereizt und gelockt wird."*

Jakobusbrief 4,1: *„Woher kommen Kriege, und woher kommen Streitigkeiten unter euch? Kommen sie nicht von den Lüsten, die in euren Gliedern streiten?"*

Die „neue Kreatur" in einem Christen hat kein Verlangen nach den „Werken des Fleisches" (vergl. 2. Kor. 5,17) – das „sarx" des Christen dagegen schon!

Die geistliche Gesinnung des Christen verabscheut die Werke des Fleisches (Röm. 7,22), denn man hat das *Fleisch „gekreuzigt samt den Leidenschaften und Begierden"* (Gal. 5,24) – das Fleisch wurde dadurch aber nicht neu!

Darum nennt es Johannes Selbstbetrug, wenn jemand behauptet, er habe keine Schuld; wenn jemand so tut, als hätte auch sein „Fleisch" eine neue, edle, geistliche Gesinnung bekommen: *„Wenn wir sagen, wir haben keine Sünde, so verführen wir uns selbst, und die Wahrheit ist nicht in uns…*
Wenn wir sagen, wir haben nicht gesündigt, so machen wir ihn (Gott) zum Lügner, und sein Wort ist nicht in uns" (1. Joh. 1, 8+10).

Verdrängungen wirken wie eine Zeitbombe oder wie ein faulender Apfel im Obstkeller. Die Fäulnis greift immer mehr um sich, bis sie das gesamte Obst ungenießbar gemacht hat. Stellt man sich dem „unbekehrten Fleisch" nicht, besteht die Gefahr, unehrlich zu werden – auch sich selbst gegenüber. Man glaubt an eigene edle Motive, glaubt an das, was man sich selbst einredet, meint, man sei geistlich und absolut „rein"... So merkt man mit der Zeit gar nicht mehr, was im persönlichen christlichen Dienst so an undurchsichtigen Motiven vorhanden ist: Man jagt nach menschlicher Ehre, ohne es zu merken; fühlt sich als selbstloser Seelsorger, ohne den Hang zur Selbstbestätigung und Selbstbeweihräucherung noch wahrzunehmen. Ja, man handelt hart und lieblos, also völlig gegen Gottes Wort und bildet sich ein, dies sei im Willen Gottes; man maßt sich Urteile an, die der eigenen subjektiven Überzeugung entspringen und glaubt, diese Urteile (oder Verurteilungen) seien unumstößlich und absolut identisch mit der „Meinung Gottes"...

Bald fühlt man sich als „besonderer Diener" Gottes mit ebenso besonderer Erkenntnis und begnadetem Dienst – man braucht sich selbst gar nicht mehr zu hinterfragen. Ja, man erwartet sogar, dass andere Christen einem mit besonderem Respekt begegnen und alles abnehmen, nur weil man es selbst lehrt und glaubt.

Solche armen, verblendeten Christen gab es schon zur Zeit des Apostels Paulus, der über die Menschen in dieser frommen Scheinwelt schreibt: *„...sie haben einen Schein von Weisheit in selbst gewähltem Gottesdienst und Leibeskasteiung, was jedoch wertlos ist und nur zur Befriedigung des Fleisches dient"* (Kol. 2,23).

E. Bullinger schreibt in seinem Buch „Die zwei Naturen im Kind Gottes“: „Der Widerstreit zwischen den zwei Naturen im Christen kann mit dem Kampf auf einem Schiff verglichen werden, an dessen Bord die Eigentümer einen neuen Kapitän gesetzt haben. Der alte Kapitän hatte das Schiff ruiniert und die Mannschaft in völliger Knechtschaft gehalten.

Nun aber, da der neue Kapitän die Vollmacht hat, fängt die Mannschaft an, den Unterschied zu bemerken. Der neue Kapitän hat von nun an stets die Herrschaft über das Steuer und die Ladung des Schiffes. Das Schiff ist dasselbe, die Mannschaft ist dieselbe; sogar der alte Kapitän bleibt an Bord. Das Instruktionsbuch, das der neue Kapitän an Bord gebracht hat, sagt, dass der alte Kapitän gerichtet und verurteilt worden ist. Das Urteil kann aber nur durch die zuständigen Gerichte vollzogen werden, wenn der Hafen erreicht ist.

Man kann den alten Kapitän also nicht an Land setzen oder über Bord werfen, aber er führt das Schiff nicht mehr. Von Zeit zu Zeit versucht er wohl wieder die Herrschaft über das Steuerrad zu bekommen, aber vergebens.

Manchmal gelingt es ihm, seinen alten Einfluss auszuüben, indem er unter einigen Gliedern der Besatzung Missgunst erregt; denn er kennt sie und ihre Schwächen gut, aus der Zeit, da er über sie herrschte. Gelegentlich überredet oder verführt er einige von ihnen zum Ungehorsam, den sie aber danach bedauern. Doch an die Schiffspapiere kann der alte Kapitän nicht mehr kommen. Diese sind nun ganz außer seinem Bereich. Er kann weder die Fahrtrichtung des Schiffes noch den Hafen verändern,

nach dem es steuert.
Die Schiffsmannschaft war einst für ihn gehorsames Werkzeug und führte nur seinen Willen aus; aber jetzt ist keines ihrer Glieder mehr verpflichtet, seinen Befehlen zu gehorchen oder seine Autorität anzuerkennen. Sie sind davon befreit und stehen hinfort unter den Befehlen des neuen Kapitäns. Sie halten den alten Kapitän für bereits verurteilt und erwarten nur noch die Vollstreckung des Urteils. Was seine Gewalt über die Matrosen betrifft, so haben sie sich selbst für gestorben, also so gut wie tot zu halten, soweit es sich um Befehle des alten Kapitäns handelt…“

Wenn wir den gesunden Weg der Selbstannahme beschreiten wollen, ist es also notwendig, auch jene Bereiche zu beachten, die meist übersehen, verheimlicht oder verdrängt werden; denn nur durch eine fundierte, wahrhaftige Selbsterkenntnis, die auch die Schattenseiten der eigenen Seele, Typus-Dispositionen, Fehl-Prägungen und individuelle Persönlichkeitsmerkmale berücksichtigt, kann man echte Beziehungsnähe erleben. Das gilt im Bezug auf Gott genau so wie in einer Ehe oder in guten freundschaftlichen Beziehungen.
Deshalb ist es mir wichtig, auf dieses große, umfangreiche Thema, das ich in diesem Buch nicht umfassend behandeln kann, hinzuweisen.

Von der Selbst- zur Du-Annahme

Fühlen wir uns auch im zwischenmenschlichen Bereich nicht dort am wohlsten, wo man uns so annimmt, wie wir wirklich sind – mit all unseren Begrenzungen und Schwächen, mit allem Versagen und den Spannungen, die das eigene „sarx“ hervorbringt? Wo man uns annimmt, obwohl man von uns weiß, wie wir wirklich sind?

Und gerade dieses grundsätzliche, vorbehaltlose Angenommensein ist die hilfreiche Grundlage für konstruktive Korrektur. Nur aus einer solchen Geborgenheit heraus können auch in Liebe Grenzen gesetzt werden.

Im Gegensatz dazu werden wir uns immer dort verkrampfen und uns unwohl fühlen, wo wir ein (selbst zum Ausdruck gebrachtes) Bild von uns aufrechterhalten müssen, das unserer Person gar nicht entspricht; wo wir darum kämpfen müssen, aufgrund unserer Leistung, aufgrund unserer „Geistlichkeit“ anerkannt und angenommen zu sein (und zu bleiben, damit wir nicht das Gesicht verlieren).

Oftmals gleichen diese zwischenmenschlichen Beziehungen einem frommen Theater – es begegnen sich nicht Menschen (wie sie wirklich sind), sondern Figuren – dargestellt von mehr oder weniger begabten und geübten Schauspielern! In einem Lied heißt es: „Wir tragen viele Masken und haben kein Gesicht, wir sprechen viele

Sprachen, versteh`n einander nicht…"

Vielleicht machte man die Erfahrung, dass man durch ein „verbogenes" Benehmen, also durch eine solche Maske, eine positive Reaktion bei anderen hervorrufen konnte. Mann konnte sein „sarx" verstecken (sich verkleiden) und je öfter man diese Schliche anwendete, desto mehr entwickelte sich daraus eine (schlechte) Gewohnheit. Das Ergebnis: oftmals einsame, isolierte und in ihrer Persönlich-keitsentfaltung behinderte oder deformierte Menschen.

Deshalb: „Ja!" sagen zu den eigenen Schattenseiten, zum eigenen „sarx" und Wege finden, dem „sarx" nicht zu dienen, sondern die Freiheit in Christus zu entdecken.
Sich mit diesen Wegen und weiteren Aspekten näher zu befassen – dazu möchte ich das Seminar „Geheimnisse des Angenommenseins" empfehlen:

Das Seminar **„Geheimnisse des Angenommenseins"** oder **„Von der Selbst – zur Du-Annahme"**, führt (ohne dass man sich „outen" muss!) mutmachend in Bereiche der Selbsterkenntnis, die leider zu oft übersehen, verheimlicht oder verdrängt werden. Nur durch eine biblisch fundierte, wahrhaftige Selbst-erkenntnis, die auch die Schattenseiten der eigenen Seele, Typus-Dispositionen, Fehl-Prägungen und individuelle Persönlichkeitsmerkmale berücksichtigt, kann man echte Beziehungsnähe erleben. Es wird aufgezeigt, dass dies in der Ehebeziehung genauso gilt wie in guten freundschaftlichen Beziehungen. Ebenso ist die ehrliche Selbst-Annahme Voraussetzung für ein

gesundes Selbstwertgefühl und für eine für Beziehungen notwendige Du-Annahme.
Neben dem Entdecken der tieferen Geborgenheit in Gott geht es um ein befreites Verhältnis zu Anfechtungen, um unerkannte Chancen bei Versagen und um wertvolle Reifungsprozesse. Wie kann ich Geborgenheit erleben, wenn Gott die „Krücken" wegnimmt? Wie zu einem unverkrampften, befreiten und vor allem freudvollen Leben kommen?

Aus dem Inhalt:
Angenommensein und authentische Ganzheitlichkeit
Die Grundgesinnung Gottes gegenüber meiner Person
Angenommensein: das Erkennen
„Typologische Konzepte" als Hilfsmittel zum besseren Erkennen
Last und Segen des „vertikalen Empfindungstypus"
Biblisch-theologische Einordnung des Begriffes „Fleisch" (sarx)
Die individuellen Prägungen
Wie „intim" bin ich mit meiner eigenen Seele?
Richtiger Umgang mit dem Fleisch / sarx
Anfechtung von Sünde unterscheiden
Das verheimlichte Problem
Angenommensein und sexuelle Probleme
Angenommensein und Motivation
Angenommensein und die Geborgenheit in Gott

Weitere Bücher aus dem Verlag

edition φ philemon

Lieben will gelernt sein

Walter Nitsche

Pb, 156 Seiten,

Bestell-Nr. 648 301

Liebe ist so viel mehr als Gefühl...

Echte Liebe kann und muss gelernt werden!
Hier erfährt der Leser alles, was man dazu wissen muss:

- Was ist Liebe überhaupt?
- Bin ich liebesfähig? - Wie lernt man praktisch „lieben"?
- Wie pflegt man die Liebe, damit sie wächst und nicht erkaltet?

Ob zur Ehevorbereitung, zur Gestaltung oder Verbesserung einer Freundschafts-Beziehung: Hier bekommt der Leser praktische Hilfe - anschaulich verpackt.

Dieses Buch wendet sich sowohl an alleinstehende oder befreundete Singles, als auch an Verheiratete, Verwitwete oder solche, die bereits eine zerbrochene Beziehung hinter sich haben.

„Lieben will gelernt sein" deutet nämlich auf ein tiefgehendes Prinzip hin, das sämtliche zwischenmenschliche Beziehungen unseres Lebens durchzieht, denn: „lieben heißt. die wahren Bedürfnisse des anderen erforschen und zu stillen suchen".

ISBN-Nr. 3-935368-01-1

Partnersuche und Partnerwahl unter Gottes Führung
Walter Nitsche (Hrsg.)

Pb, 160 Seiten,

Bestell-Nr. 648 368

In diesem umfangreichen Ratgeber gehen kompetente Autoren auf Fragen ein wie

- wie kann ich Gottes Führung bei der Partnersuche erleben?
- wie erfahre ich Gottes Willen bei der Partnerwahl?
- kann es sein, dass ich zum Single-Dasein berufen bin?
- wer passt zu wem?
- wie kann ich wissen, ob es wirklich Liebe ist, was ich empfinde?
- welche bedeutsame Stufen beim Kennenlernen sollte man beachten?
- wie gehe ich mit Verliebtheitsgefühlen um?
- welche Typus-Konstellationen sollten nicht heiraten?
- was können die Ursachen für zerbrochene Beziehungen sein?
- welche persönlichen Vorraussetzungen sollte ich mitbringen, damit Beziehung gelingt?

... und noch viele weitere Themen zur Vorbereitung auf eine der wichtigsten Entscheidungen im Leben.

ISBN-Nr. 3-935368-08-9

Diese Bücher erhalten Sie in Ihrer christlichen Buchhandlung oder direkt beim Verlag **edition φ philemon.**